"Esta é a leitura definitiva sobre sentimentos contraditórios: por que os temos, como mudá-los e quando aceitá-los. Dr. Miller é um precursor da psicologia — combina a experiência de cientista com a empatia de clínico, e não sinto qualquer ambivalência ao recomendar seu livro. A sabedoria dele permanecerá com você por muito tempo depois de terminar a leitura da última página."

— Adam Grant, Ph.D.,
autor de *Pense de novo*

"Refletindo a experiência do Dr. Miller e sua paixão pela compreensão da condição humana, este livro mergulha profundamente na tomada de decisão das pessoas. Quando nossas escolhas são carregadas de implicações, a ambivalência pode ser estressante ou até mesmo paralisante. Mas também podemos aprender com ela. Dr. Miller explica que a ambivalência é uma virtude e nos convida a pensar sobre ela de maneiras novas e produtivas."

— Molly Magill, LICSW, Ph.D.,
Escola de Saúde Pública da Brown University

"Adoro a maneira como Dr. Miller usa histórias pessoais para mostrar que a ambivalência não é apenas um fenômeno abstrato; ela é essencial para a tomada de decisão. Qualquer pessoa que ler este livro começará rapidamente a aplicá-lo à sua própria vida, seja em momentos cruciais de seu passado, seja em escolhas que deve fazer hoje."

— Don Kuhl, M.S.,
Fundador das The Change Companies

"Dr. Miller habilmente integra conhecimento psicológico sobre ambivalência a exemplos deliciosos da literatura, do teatro, da história, dos negócios e muito mais. Este livro apresenta ferramentas baseadas em evidências para examinar a ambivalência — sua ou de outra pessoa. O autor desmistifica a ambivalência para ajudar você a tomar decisões alinhadas com seus valores e interesses, bem como a seguir em frente com as mudanças desejadas em sua vida."

— Naomi B. Rothman, Ph.D.,
Departamento de Gestão da Lehigh University

PENSANDO MELHOR...

M647p Miller, William R.
　　　　Pensando melhor...: como a ambivalência molda sua vida / William R. Miller ; tradução: Marcos Vinícius Martim da Silva ; revisão técnica: Neliana Buzi Figlie. – Porto Alegre : Artmed, 2024.
　　　　xii, 193 p. ; 23 cm.

　　　　ISBN 978-65-5882-147-2

　　　　1. Emoções. 2. Psicologia. I. Título.

CDU 159.942

Catalogação na publicação: Karin Lorien Menoncin – CRB 10/2147

WILLIAM R. MILLER

PENSANDO MELHOR...
como a ambivalência molda sua vida

Tradução
Marcos Vinícius Martim da Silva

Revisão técnica
Neliana Buzi Figlie

Psicóloga. Docente da Unidade de Aperfeiçoamento em Psicologia e Psiquiatria (UPPSI). Especialista em Psicologia Clínica e em Dependência Química. Mestra em Saúde Mental e Doutora em Ciências pela Universidade Federal de São Paulo (Unifesp). Instrutora certificada de Entrevista Motivacional e associada ao Motivational Interviewing Network of Trainers (MINT), com formação em Entrevista Motivacional pela University of New Mexico – Center on Alcohol, Substance use, And Addictions (CASAA).

Porto Alegre
2024

Obra originalmente publicada sob o título *On second thought: how ambivalence shapes your life*, first edition

ISBN 9781462547500

Copyright © 2022 The Guilford Press
A Division of Guilford Publications, Inc.

Gerente editorial
Letícia Bispo de Lima

Colaboraram nesta edição:

Coordenadora editorial
Cláudia Bittencourt

Capa
Paola Manica | Brand&Book

Preparação de originais
Marcela Bezerra Meirelles

Leitura final
Dominique Monticelli da Costa

Editoração
Ledur Serviços Editoriais Ltda.

Reservados todos os direitos de publicação, em língua portuguesa, ao
GRUPO A EDUCAÇÃO S.A.
(Artmed é um selo editorial do GRUPO A EDUCAÇÃO S.A.)
Rua Ernesto Alves, 150 – Bairro Floresta
90220-190 – Porto Alegre – RS
Fone: (51) 3027-7000

SAC 0800 703 3444 – www.grupoa.com.br

É proibida a duplicação ou reprodução deste volume, no todo ou em parte, sob quaisquer formas ou por quaisquer meios (eletrônico, mecânico, gravação, fotocópia, distribuição na Web e outros), sem permissão expressa da Editora.

IMPRESSO NO BRASIL
PRINTED IN BRAZIL

Autor

William R. Miller, Ph.D., é professor emérito de Psicologia e Psiquiatria da University of New Mexico. Estuda a ambivalência há cinco décadas e convive com ela há muito mais tempo. Fundamentalmente interessado na psicologia da mudança, Dr. Miller é um dos criadores da entrevista motivacional. O Institute for Scientific Information listou-o como um dos pesquisadores mais citados do mundo.

À memória do professor Hal Arkowitz.

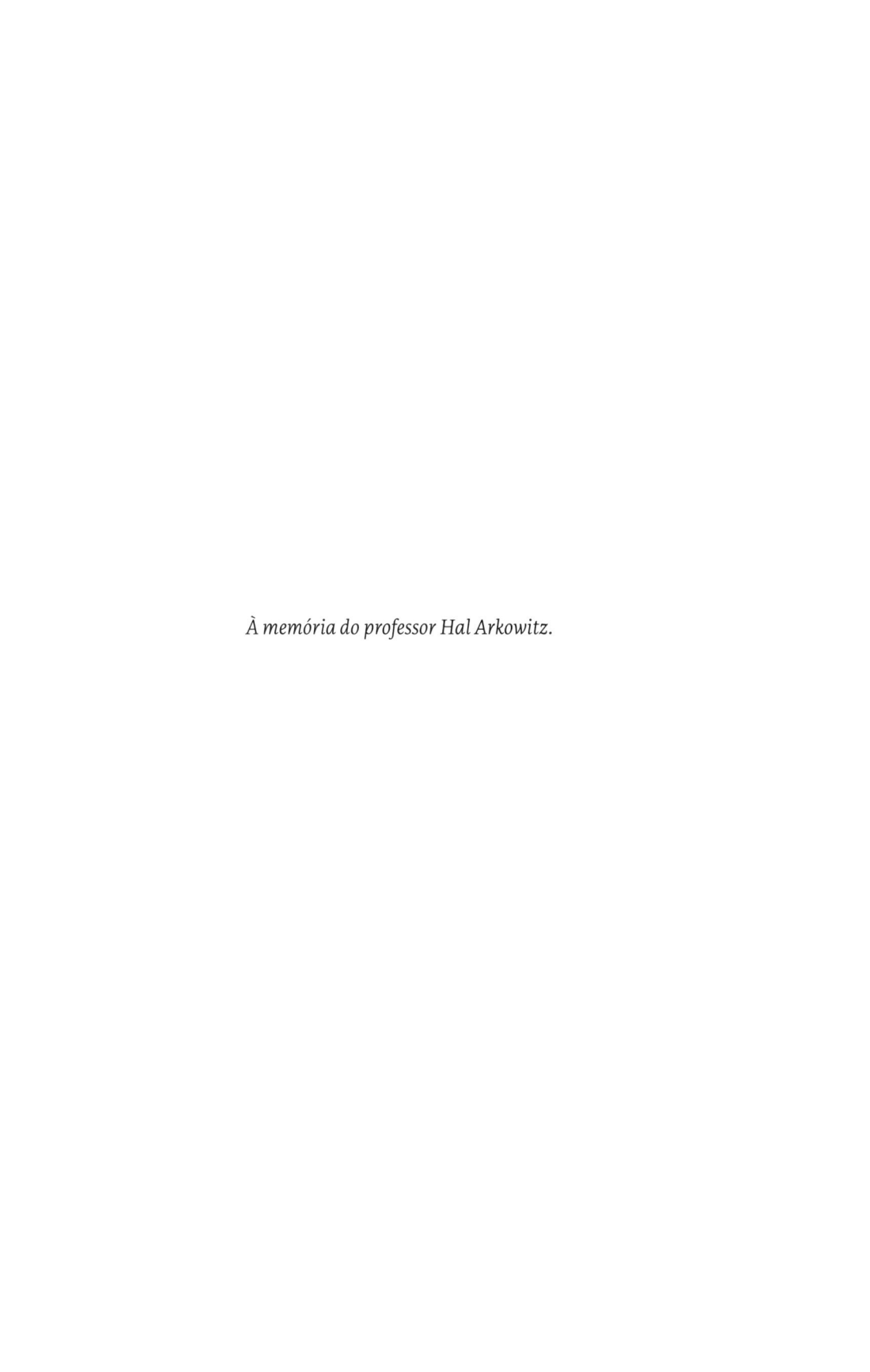

Prefácio

A ambivalência é nossa companheira constante. Pode ser considerada um incômodo e algo que deve ser evitado, mas é praticamente inevitável quando inúmeras escolhas fazem parte da vida diária. Quanto mais estudei e ponderei sobre isso, mais passei a pensar na ambivalência como uma virtude.

Percebo, em retrospecto, que venho estudando esse tópico há mais de meio século, embora nem sempre o tenha nomeado como tal. Na década de 1960, eu estava interessado na psicologia do humor, que, muitas vezes, altera a ambivalência. Minha tese de mestrado com Hal Arkowitz focou na ansiedade social, uma experiência comum de desejo e medo da interação social. Então, em 1973, comecei a pesquisar e tratar transtornos por uso de substâncias (TUSs), concentrando-me primeiro no uso de álcool e, depois, expandindo para transtornos relacionados ao uso de substâncias em geral, bem como dependências comportamentais, como jogo patológico. Descrevi pela primeira vez a entrevista motivacional (EM), em 1983, como uma forma empática de se ter conversas sobre mudança. Meu coautor, Steve Rollnick, ajudou-me a enquadrar a ambivalência como a questão central abordada na EM — querer e não querer algo ao mesmo tempo. Acontece que a ambivalência é uma chave não apenas no tratamento de TUSs, mas em muitas outras esferas profissionais. A EM rapidamente se espalhou para os cuidados em saúde e o gerenciamento de problemas médicos crônicos, como diabetes e hipertensão arterial. Rapidamente começou a ser aplicada em psicoterapia, serviço social, serviços de detenção, odontologia, educação, esportes e liderança. Ela se espalhou pelo mundo, agora sendo ensinada e praticada em pelo menos 60 idiomas, em seis continentes, e estudada em mais de 1.600 ensaios clínicos.

Eu me pergunto o que explica esse surpreendente nível de interesse em EM. Parece que tocamos em algo fundamental sobre a natureza humana. A ambivalência é, de fato, uma experiência humana universal. Como criaturas complexas na sociedade da informação, experimentamos motivações múltiplas e frequentemente conflitantes. Eu li a fascinante literatura de pesquisa sobre ambivalência e descobri que sabemos bastante sobre ela. A ambivalência está sempre conosco, e tanto as grandes como as pequenas escolhas que fazemos diante dela moldam quem somos como indivíduos e como povo. É sabedoria popular:

> Cuidado com seus pensamentos: eles se transformam em palavras.
> Cuidado com suas palavras: elas se transformam em ações.
> Cuidado com suas ações: elas se transformam em hábitos.
> Cuidado com seus hábitos: eles moldam seu caráter.
> Cuidado com seu caráter: ele transforma seu destino.

A ambivalência não é e nem pode ser algo que se consiga evitar. É da condição humana que a experiência diária envolva motivos conflitantes, individual e coletivamente, e que as escolhas façam a diferença. Isso nem sempre precisa ser resolvido; às vezes, você decide equilibrar e conviver com os aparentes opostos. No entanto, algumas das escolhas mais importantes da vida são feitas em meio à ambivalência, o lar no qual o caráter é forjado. Ser mais consciente de sua própria ambivalência é um caminho para se conhecer melhor e ser mais intencional na maneira como você responde a ela.

Sumário

Prefácio ix

PARTE I
A NATUREZA DA AMBIVALÊNCIA

1 Quero e não quero.. 3
2 Quatro sabores de ambivalência 13
3 A linguagem da ambivalência... 23

PARTE II
COMO FUNCIONA

4 Fontes de ambivalência 39
5 Influências sociais 51
6 Das profundezas... 63
7 Consequências da ambivalência... 73
8 Diferenças individuais 85
9 Respondendo à ambivalência... 93

PARTE III
LIDANDO COM A AMBIVALÊNCIA

10	Clarificação dos valores pessoais	107
11	Uma visão geral	121
12	Superação das dificuldades	133
13	Aceitação da ambivalência	147
	Notas	159
	Índice	181

PARTE I

A NATUREZA DA AMBIVALÊNCIA

1

Quero e não quero

Thomas era o segundo de seis filhos em uma próspera e devotada família cristã. Ele frequentou uma escola particular e depois uma universidade de destaque, com o objetivo de se tornar advogado, seguindo os passos de seu pai. Ele se casou com Jane, e eles tiveram quatro filhos antes da morte prematura dela. Seis anos após o falecimento, Thomas se casou novamente, cedo demais, na opinião de seus amigos.

Thomas sempre se interessou pelo governo e trabalhou em vários cargos de apoio antes de chegar ao poder legislativo. Ele logo caiu nas boas graças do chefe do executivo nacional, tornando-se seu amigo e conselheiro de confiança. Eles jantaram e beberam juntos, desfrutando da companhia um do outro, embora fossem homens bastante diferentes em muitos aspectos. O chefe de estado professava, mas raramente praticava, sua fé, enquanto Thomas permanecia profundamente religioso. Ele era fiel à esposa e ficou escandalizado com as flagrantes infidelidades de seu amigo, embora nunca tenha dito isso. Além de ser um advogado talentoso, ele era amplamente reconhecido como um homem honesto e de boas maneiras, enquanto o chefe de estado era assumidamente egocêntrico e vingativo.

Thomas tornou-se um diplomata competente e depois foi nomeado procurador-geral pelo governante.

Essa nomeação foi um tanto impulsiva, e eles não haviam discutido completamente o que se esperaria dele nessa função.

Thomas descobriu que o chefe de estado havia presumido que ele o apoiaria em atividades eticamente questionáveis, se não totalmente ilegais. Thomas vacilou. Estava dividido entre a lealdade ao amigo e ao país, os deveres de seu cargo e o compromisso com os preceitos de sua fé ao longo da vida. Quando o governante se casou novamente, Thomas não compareceu à cerimônia de casamento, e o relacionamento deles se deteriorou. Ele manteve um silêncio leal, nunca falando contra seu amigo, mas recusou e resistiu a ações que considerava censuráveis. O chefe de estado manteve uma pressão implacável sobre Thomas e passou a criticá-lo publicamente, o que o levou a renunciar.

Contudo, isso não foi punição suficiente. As denúncias públicas continuaram, e Thomas sabia que não devia responder na mesma moeda. Sua reputação foi arruinada, sua família sofreu financeiramente e, por fim, ele foi detido e encarcerado por deslealdade. Ainda assim, não falou contra seu chefe. Várias acusações foram feitas contra ele por um poder judiciário corrupto, e aos 57 anos, após três anos de prisão, sua saúde começou a piorar. A corte de Henrique VIII persistiu com interrogatórios até que, por fim, com base em falso testemunho, Sir Thomas More foi condenado por traição e, após, decapitado, em 6 de julho de 1535.

■ ■ ■

A ambivalência é inerente à nossa natureza humana e, de certa forma, define nossa humanidade. É nossa experiência diária comum ter pensamentos e sentimentos inconsistentes. Como a música, a vida pode ser mais simples sem dissonância, mas seria muito menos interessante. Uma parte envolvente do drama é a tensão que surge entre ou dentro dos personagens. Hamlet decidirá ser ou não ser, agir ou não agir? Os fantasmas amolecerão o coração duro de Ebenezer Scrooge? O drama da ambivalência é uma parte normal da vida ao nosso redor. Será que um amigo continuará em ou deixará o que parece ser um relacionamento desastroso? Ao receber uma oferta de emprego melhor, um colega de trabalho ou um ente querido se mudará para outra cidade?

O conceito, se não a experiência da ambivalência, é surpreendentemente moderno. Tecnicamente, ninguém era ambivalente antes de 1910, quando o psiquiatra suíço Eugen Bleuler cunhou o termo, que foi posteriormente popularizado por Sigmund Freud. Antes da Segunda Guerra Mundial, os conflitos internos na ficção eram frequentemente dissociados em personagens separados, como *O médico e o monstro*, de Robert Louis Stevenson, ou *William Wilson*, de Edgar Allan Poe, como se ambos os aspectos não pudessem estar simultaneamente presentes em uma pessoa.[1] Conforme o conceito de ambivalência tornou-se popular, no entanto, a literatura começou a refletir e até mesmo a focar na turbulência interna das personagens por motivos coexistentes e conflitantes.

O termo *ambivalência* combinou o latim *ambi* (que significa "dois" ou "ambos") e o alemão *valenz*, conotando poder: dois motivos potentes de força semelhante. É diferente de *indiferença* (não se importar, não ter interesse ou opinião), *ignorância* (não saber) e *ambiguidade* (não ter informações suficientes).[2] A pessoa ambivalente sabe e se preocupa, e é simultaneamente atraída para direções diferentes. Parte de você quer uma coisa e, ao mesmo tempo, outra parte quer algo diferente. Na verdade, você pode ser atraído para mais de duas direções diferentes: *multivalência*. A vida moderna pode representar um supermercado de escolhas.

A essência da ambivalência é experimentar motivações conflitantes de maneira simultânea. É possível querer e não querer algo, ser atraído e repelido ao mesmo tempo. Uma parte de você diz "Vá", e outra diz "Pare". É possível ter a experiência pungente do *agridoce*, ao mesmo tempo em que junta alegria e tristeza sem ter que escolher entre elas. É a "doce tristeza" que Julieta sente ao se separar de Romeu, antecipando o futuro. Outra experiência agridoce é a *nostalgia*, que já foi considerada uma doença médica.[3] Frequentemente desencadeada por emoções negativas, a nostalgia relembra experiências e sentimentos positivos do passado, e pode dar maior significado ao presente.⁴ Dentro da tensão criativa de tais contradições, você pode escolher conscientemente o que vai pensar, sentir ou fazer, concentrando-se mais no lado positivo ou no negativo.

A ambivalência é um pouco como a culinária local do Novo México, misturando tradições nativo-americanas e mexicanas, com ênfase particular na pimenta. Seu agente químico, capsaicina, é um irritante natural para mamíferos, criando uma sensação de queimação que pode variar de leve a intensa. O calor *picante* faz parte do prazer de comer essa comida. No Novo México, a dor é um sabor.

A ambivalência pode ser uma coisa boa. A divindade romana de duas faces, Jano, que enxergava para a frente e para trás simultaneamente, era o deus dos novos começos, dos portais e das transições. A tensão e o abrandamento do conflito ambivalente é uma fonte abundante de humor ("Estou tão infeliz sem você, é quase como se você estivesse aqui").⁵ Tal conflito tem sido descrito como a conquista psicológica de reconhecer e aceitar a própria ambivalência em vez de sobrepor um lado aos outros.⁶ O escritor F. Scott Fitzgerald observou que "a marca de uma inteligência de primeira ordem é a capacidade de ter duas ideias opostas presentes no espírito ao mesmo tempo e nem por isso deixar de funcionar".⁷ Pesquisas demonstraram que as pessoas que experimentam maior ambivalência emocional:

- estavam mais bem-informadas;⁸
- liam as emoções de outras pessoas com mais precisão;
- eram mais criativas, percebendo associações e possibilidades incomuns;⁹
- ofereciam avaliações justas e equilibradas, e faziam julgamentos mais precisos;¹⁰
- estavam abertas a novas informações e perspectivas, e experimentavam maior excitação e desejo sexual;¹¹
- estavam menos inclinadas a tomar decisões e fazer compras impulsivas.

Pode até haver certa nobreza na ambivalência, como ilustra a história de Thomas More, que abriu este capítulo. Ele se apegou aos preceitos de sua fé, ao mesmo tempo em que se recusou a denunciar seu amigo e rei ou a fornecer uma justificativa fácil para ser martirizado. Quando confrontado com contradições, você ainda pode manter a fé nos valores que mais lhe são caros. O potencial humano de criação ou destruição, amor ou ódio, relacionamento ou inimizade é forjado no cadinho da ambivalência.

Consciente disso ou não, você provavelmente toma mil ou mais pequenas decisões todos os dias e, no processo, experimenta ao menos uma ambivalência passageira. Os tópicos potenciais são inúmeros: comida ou bebida, um emprego, um hábito, um evento, uma oportunidade, um relacionamento ou como gastar seu tempo ou seu dinheiro. Prazer ou conveniência de curto prazo podem colidir e coexistir com considerações de longo prazo, como saúde pessoal e ambiental. Medidas de proteção à saúde, como exercícios, maior ingestão de frutas e vegetais, realização de uma mamografia ou uma colonoscopia, são tópicos comuns de ambivalência. Frequentemente, as escolhas são pequenas e transitórias — o que comer, comprar esse ou aquele produto. Para pessoas com transtorno obsessivo-compulsivo (TOC) grave, até mesmo pequenas escolhas podem ser paralisantes. Às vezes, sua decisão pode ter consequências duradouras na vida: casar-se, ter filhos, ingressar no exército ou em uma ordem religiosa. Tentação, procrastinação, dependência e mudança estão entre as muitas faces da ambivalência.

SEU TRIBUNAL DE JUSTIÇA INTERNO

Um sinal comum de ambivalência é a palavra "mas".

> Eu sei que isso é importante, mas...
> Eu gostaria, mas...

Mas é quase como uma borracha, revertendo ou ofuscando o que veio antes.

Seu desempenho aqui foi muito bom este ano, *mas*...

Sim, eu te amo, *mas*...

A tensão pode estar entre pensamentos, sentimentos, atitudes, motivações, ações ou valores conflitantes profundamente arraigados. É como se houvesse um tribunal interno com membros defendendo diferentes argumentos, representando várias partes de você. Um membro fala e outro responde: "Sim, mas...". Outro discorda abertamente: "Não, você está errado". O debate às vezes pode se tornar apaixonadamente acalorado.

Um membro está com raiva, outro, com medo, e o outro é hipócrita. Pode ser interessante identificar as vozes em seu tribunal interno.[12] Quem está à mesa? Que argumentos são expressos e que sentimentos estão associados? Quais vozes são mais altas ou mais influentes? Alguma voz soa como uma pessoa em particular que você conheceu?

Um tópico comum de ambivalência em tribunais, sejam internos ou reais, é seguir ou não determinado curso de ação. A ambivalência torna-se uma questão: Eu deveria...?

Em meu próprio trabalho como psicólogo clínico, o tópico frequentemente era o que as pessoas fariam (se é que fariam) sobre o uso de álcool, tabaco ou outras drogas. Poucas pessoas que são apanhadas na armadilha da dependência desconhecem os riscos ou os danos de seu comportamento, e as vozes no tribunal interno podem ser muitas:

- Mas eu realmente *gosto*!
- Eu sei que é estupidez.
- Não é realmente um problema.
- Ninguém pode me dizer o que fazer!
- Eu poderia parar a qualquer momento.
- Eu não sou capaz de ficar sem.
- É parte de quem eu sou.

Uma experiência interna comum de ambivalência é ouvir o debate por um tempo: você pensa em uma razão para fazer uma mudança, e pensa em um contra-argumento do tipo sim-mas. Depois de uma ou duas rodadas disso, você para de pensar nisso porque é desagradável, confuso ou perturbador. Esse ciclo pode durar anos. Esperanças e medos, raiva e vergonha, paixão e lógica, todos se colidindo como pedras preciosas brutas em um copo de pedra, gradualmente desgastando umas às outras.

VALORES PESSOAIS

Que lugar maravilhoso é este! Temos tudo de que precisamos para viver e temos um ao outro. O jardim inteiro está cheio de coisas boas para comer, e podemos escolher tudo o que quisermos, quando quisermos. Bem, quase tudo. Existe aquela árvore no meio do jardim com frutas venenosas que não podemos comer. Pelo menos foi o que nos disseram — que, se tocarmos nela, morreremos. Eu ouvi, porém, que não é verdade. Nós não morreríamos. Na verdade, comer a fruta abriria nossos olhos e nos tornaria sábios. Talvez fosse bom apenas tocá-la. A fruta parece muito boa. Eu imagino.

— EVA

O que está acontecendo aqui? A ambivalência é, na verdade, um processo de *avaliação*, que compara os aspectos positivos e os negativos relativos às escolhas possíveis. Consciente disso ou não, tal avaliação está constantemente acontecendo nos bastidores da vida. É o que orienta suas decisões e suas ações.

A avaliação é um processo complexo. Frequentemente, as questões relacionadas a valores são colocadas em um modo de pensar binário, em preto e branco:

Você quer ou não?
Você é liberal ou conservador?
Qual candidato político você apoia?

Você é a favor ou contra exigir que os motociclistas usem capacetes?
Você gosta ou não de sorvete com sabor de alcaçuz?

Às vezes, nas pesquisas, há uma opção de indiferença no meio — "sem opinião", "nenhum dos dois" ou "indeciso" —, mas a ambivalência não é nem ignorância, nem indiferença. Como você responde a uma pergunta binária como essas quando está ambivalente? Uma escolha intermediária para pessoas ambivalentes seria "ambos" ou "tenho dúvidas sobre isso", mas essa opção raramente é oferecida. Em vez de uma escolha ou/ou, a ambivalência é "Por um lado... e por outro lado...". Um polvo está condenado à multivalência.

Você pode gostar e não gostar de algo ao mesmo tempo. Compreender a ambivalência requer perguntar o seguinte:

Quanto ou *de que maneira* você gosta ou apoia?
Quanto ou *de que maneira* você não gosta ou se opõe?[13]

As pessoas podem simultaneamente manter crenças conflitantes ou ter sentimentos mistos de amor e ódio. A mente e o coração podem entrar em conflito: apoiar, mas não gostar ou discordar e, ainda assim, amar. Os pesquisadores podem perguntar: "Considerando apenas as coisas positivas sobre X, quão positivas elas são? E considerando apenas as coisas negativas sobre X, quão negativas elas são?". Acontece que essas duas classificações são surpreendentemente não relacionadas: se você sabe uma delas, isso não diz muito sobre a outra.[14]

A ambivalência é complicada! Você pode amar *e* odiar, querer ir *e* querer ficar, sentir alegria *e* tristeza. O rico mundo interior de um ser humano é muito mais complexo do que preto e branco. As pressões sociais podem nos persuadir a tomar partido (Cap. 5), e a ambivalência pode ser desconfortável, mas é normal e nos acompanha todos os dias.

Embora o relato de Thomas More, que deu início a este capítulo, tenha ocorrido há cinco séculos, seus temas são familiares e atuais. Ao longo do tempo e das circunstâncias, vários de seus valores importantes entraram em conflito uns com os outros: sua carreira, a lealdade ao amigo, sua honestidade, seu dever para com seu país, sua forte fé religiosa e, em última análise, sua própria vida. Dar prioridade máxima a qualquer um deles o forçaria a sacrificar outros. Em vez disso, ele escolheu honrá-los todos, mantendo-os juntos em equilíbrio pelo maior tempo possível. Se More tivesse apenas cedido aos desejos do rei, provavelmente seria uma nota de rodapé esquecida na história, em vez de um ícone honrado da nobreza. A história de sua vida e sua morte é um relato de pontos de escolha importantes nos quais ele manteve a integridade, com amizade e princípios, com grande custo pessoal. A saga da aliança que termina em alienação e vingança é recorrente nas notícias e na ficção modernas. A insistência de Henrique na lealdade inquestionável também é um tema duradouro na tragédia, continuando a representar escolhas ambivalentes nos negócios, na política e nos relacionamentos. É um drama que se desenrola ainda hoje nos palcos tanto da vida privada como da pública.

O restante deste livro reúne algumas peças do quebra-cabeça.

Quais são as consequências (positivas e negativas, é claro) de ser ambivalente? Como as pessoas diferem em suas respostas à ambivalência? Você pode ser ambivalente e não saber disso? Como a ambivalência é resolvida? Ela deve ser resolvida? E se você se sentir preso? Como seus motivos conflitantes são influenciados por outras pessoas? Essas são apenas algumas das perguntas ao longo da estrada à frente.

2

Quatro sabores de ambivalência

Meu estômago diz que eu quero, mas meu cérebro diz que não.
— Música popular da era das *big bands* dos Estados Unidos

A ambivalência é uma resposta normal à mudança. Velhos padrões familiares proporcionam certo conforto, e, ainda assim, os humanos também são programados para prestar atenção e ser curiosos ou cautelosos sobre novidades. A mudança é constante e inevitável, colocando a escolha entre resistir *ou* aceitar e abraçar o novo. Sua experiência de momento a momento combina motivações de parada e de largada apenas para passar por um dia comum.

Um motivo ou uma motivação é literalmente algo que move você. Aumenta ou diminui sua tendência de realizar determinada ação. Nesse sentido, um motivo empurra você para perto ou para longe de um objeto ou de uma ação. As motivações positivas de "Largada" o levam a buscar, abordar, explorar, considerar, ser aberto ou curioso. Os motivos negativos de "Parada" o levam a parar, evitar, fugir, resistir, se opor, desaprovar ou rejeitar.

As motivações vêm de muitas formas diferentes. Elas podem ser:

- uma emoção como raiva, medo, felicidade ou tristeza;
- um pensamento momentâneo: "Eu poderia parar para tomar um *drink* depois do trabalho";
- novas informações;
- uma sensação física, como dor, fome ou fadiga;
- uma crença: "Eu deveria estar disposto a ajudar alguém que pede minha ajuda";
- um valor profundamente enraizado: "Meu principal objetivo na vida é ganhar dinheiro".

É desnecessário dizer que as motivações de parada e de largada podem ocorrer e de fato ocorrem simultaneamente. Se você alimentar pássaros urbanos, eles se aproximarão de você para comer e, ao mesmo tempo, terão medo de se aproximar demais. Emoções confusas não são como ácido e base, neutralizando-se mutuamente.[1] Você pode sentir os dois juntos: amor e raiva, felicidade e tristeza, medo e entusiasmo. Essas emoções confusas tendem a aumentar com a idade e a experiência.[2] Imagine ver um amigo querido pela última vez e vocês dois terem a consciência disso. Os anos acumulados aprofundam as camadas da experiência sentida.

Nem evitamos automaticamente as emoções negativas de parada. As pessoas ficarão na fila e pagarão um bom dinheiro para se assustar em uma montanha-russa ou com um filme de terror. Os políticos podem realmente *apelar* para o medo e a raiva; há algo hipnoticamente sedutor na negatividade.[3] Música, filmes e cerimônias fúnebres podem ativar tanto a felicidade quanto a tristeza. Positivo e negativo não se cancelam automaticamente. Você pode experimentá-los de maneira simultânea. William Blake observou:

"É do homem a dor e o prazer;
Depois disso, aprendemos a fundo,
Seguros podemos sair pelo mundo..."[4]

QUATRO SABORES DE AMBIVALÊNCIA

A ambivalência ocorre quando as motivações impulsionam você simultaneamente em direções diferentes. Os motivos de largada incentivarão você a ir, enquanto motivos de parada são advertências. As motivações de largada e de parada vêm em várias combinações, que apresentam diferentes desafios mentais e emocionais.

A loja de doces: largada-largada. Vamos!

A forma mais feliz de ambivalência costuma ser uma escolha entre alternativas igualmente atraentes. É o problema da loja de doces; as opções parecem boas. Quando era um menino de cidade pequena com uma moeda, lembro-me vividamente de ir à loja local que tinha uma longa caixa de vidro com prateleiras contendo dezenas de guloseimas diferentes. Quais escolher? Eu circulava por todos os cantos examinando as opções. A escolha era difícil, mas agradável.

Teoricamente, você poderia ficar preso em uma escolha com motivos de largada se as alternativas fossem exatamente iguais em atração. Um experimento de pensamento clássico em filosofia, conhecido como *asno de Buridan*, tem duas pilhas de feno colocadas em distâncias precisamente iguais à direita e à esquerda de um asno faminto. Incapaz de decidir para onde ir, o animal morre de fome. A ilustração pretendia ser humoristicamente implausível, pois ninguém fica com fome em um *buffet*.

Cada dia envolve escolhas de como você gastará o tempo, os recursos e os talentos que tem. Com prática e hábito, essas escolhas podem se tornar mais ou menos automáticas: o que comer ou como passar o tempo livre. Cada escolha exclui outras possibilidades. Um padrão comum na dependência, seja ela química ou comportamental, é que uma opção — como usar drogas, jogar jogos de azar ou passar tempo na internet — começa a dominar e substituir todas as outras.

Um prazer na ambivalência com motivos de largada é a antecipação. Você pode se imaginar aproveitando (e gostando de imaginar) qualquer uma das alternativas. Você pode experimentar um caminhão de opções com motivo de largada sem experimentar muito estresse.

Com um histórico sólido em uma das melhores escolas de pós-graduação, Laura havia conseguido um cargo de tempo integral como professora assistente, com boas perspectivas de estabilidade depois de mais três anos. (Em exemplos ilustrativos como este, nomes e detalhes de identificação foram alterados em prol da privacidade.) Ela e sua família haviam se estabelecido confortavelmente em uma pequena cidade universitária, e seus filhos eram muito felizes nas escolas públicas, que, se não eram as melhores, eram boas o suficiente. Raj, seu marido, conseguiu rapidamente um emprego bem remunerado em engenharia. Ela ficou surpresa, então, ao receber um telefonema de uma universidade de maior prestígio em uma cidade grande, perguntando se ela faria uma entrevista para uma vaga de professora assistente aberta lá. Era gratificante ser recrutada sem se candidatar, e seu salário aumentaria. Ao mesmo tempo, ela e o marido estavam satisfeitos com seus empregos, e ela tinha a vantagem de ser atualmente "um peixe grande em um pequeno lago", em que suas exigências de trabalho também permitiam que ela aproveitasse a vida familiar. As opções eram mutuamente excludentes e ambas eram aceitáveis.

Os conflitos com motivos de largada envolvem uma sensação de ganha-ganha. Ambas as opções são atraentes e agradáveis. Quando uma opção em um conflito com motivos de largada é a sua situação atual, a alternativa pode ter uma vantagem inovadora, com a aparência de que "a grama é mais verde do outro lado da cerca".

A armadilha: motivos de parada

Na mitologia grega, os capitães dos navios tinham que navegar por uma passagem marítima estreita entre dois perigos. De um lado, estava Caríbdis, um redemoinho perigoso; ao navegar muito perto, o navio poderia se perder. Do outro lado, havia um afloramento rochoso onde vivia um monstro de seis cabeças e pescoço comprido, Cila, com apetite por marinheiros que eram arrebatados do convés. Cila e Caríbdis tornaram-se uma metáfora para escolher o menor de dois males. Essa é uma segunda forma de ambivalência: uma escolha necessária entre duas possibilidades desagradáveis. Diz-se que é como ser pego entre "uma rocha e um lugar difícil" ou entre "o diabo e o mar azul profundo" e envolve escolher a menor ameaça.

Um componente desagradável da ambivalência com motivos de parada é sua inescapabilidade, a sensação de estar preso. Você aparentemente deve escolher um ou outro, e nenhum parece bom. Mesmo não escolher é em si tomar uma decisão, permitindo que a escolha seja feita pelas circunstâncias, por outra pessoa ou pela passagem do tempo. Aqui, a antecipação na imaginação não é um prazer, mas um pavor. Imaginar qualquer uma das alternativas pode evocar ansiedade, vergonha, culpa ou desespero. Assim, as pessoas costumam adiar essas escolhas o máximo possível. Quando abordado por um ladrão armado que exigia "Seu dinheiro ou sua vida", o famoso comediante Jack Benny hesitou por um momento.

"Olha, amigo, eu disse seu dinheiro ou sua vida!", o ladrão exclamou, impaciente.

"Estou pensando!", Benny respondeu. As alternativas pareciam igualmente terríveis.

A ambivalência às vezes faz com que as pessoas procurem ajuda profissional. Essa era a norma em meu próprio trabalho clínico, tratando pessoas com TUS.

Mateus não queria realmente estar no meu consultório. "A única razão pela qual estou aqui", disse ele, "é que minha esposa me disse que, se eu não falasse com alguém, ela iria me deixar e levar as crianças". O ponto de discórdia era a bebida. Ele tinha um bom emprego e nunca teve problemas com a lei, mas passava grande parte de seu tempo livre sozinho em sua "caverna masculina". Sob pressão de sua esposa, ele começou a esconder que bebia e ocultar seu estoque, com algum insucesso. Ele amava sua esposa e seus filhos, e perdê-los era impensável. Mateus também adorava álcool e não acreditava que tivesse problemas com isso, mas tinha. Ele temia a ideia de desistir do álcool, como se significasse perder sua liberdade, mas também achou inaceitável perder sua família. Depois de várias sessões, Mateus estava claramente inclinado a parar de beber.

"Então, é isso que você quer fazer?", eu perguntei. "Não", ele respondeu.

Fiquei consternado, mas esperei em silêncio por um tempo.

"Não, não é o que eu quero fazer", disse ele. "É o que eu *vou* fazer."

E ele fez. As pessoas podem escolher fazer a coisa certa, mesmo quando não é necessariamente o que desejam fazer. Isso acontece o tempo todo.

O ioiô: motivos de largada e de parada

Um terceiro e irritante sabor de ambivalência acontece quando uma parte de você diz "Vá", e outra parte diz "Pare". Que fumante desconhece os aspectos negativos e os riscos de fumar?[5] É o tema das letras *country*: "Como posso sentir sua falta quando você não vai embora?".[6] Uma peculiaridade desse dilema é que, à medida que você se aproxima do objeto de sua paixão, os aspectos do "Pare" tornam-se mais salientes; no entanto, conforme você se afasta, começa a ansiar pelos aspectos positivos e a minimizar os negativos.

Quanto mais você recua, melhor fica; quanto mais perto você chega, pior parece. É como uma daquelas raquetes de brinquedo, com uma bola de borracha presa por um longo cordão elástico. Quanto mais a bola se afasta da raquete, maior é a força para puxá-la de volta. No entanto, assim que atinge a raquete, começa a se afastar. Essa forma de ambivalência intermitente pode mantê-lo pulando para a frente e para trás como um ioiô. Ambas as coisas são verdadeiras simultaneamente: você quer e não quer. Essas emoções podem ser uma montanha-russa de altos e baixos.

> Quando procuraram aconselhamento conjugal pela primeira vez, Mário e Maya estavam juntos há 12 anos, e, por opção, não tinham filhos. Suas brigas barulhentas, muitas vezes seguidas de sexo mutuamente recompensador, fizeram com que os vizinhos reclamassem com o síndico do prédio e uma vez chamassem a polícia. Na primeira sessão, ambos queriam reclamar amargamente um do outro, então eu os encontrei separadamente naquele dia, dando a cada um tempo para expor suas queixas, com as quais o outro já estava amplamente familiarizado. Ela ficou furiosa com o ciúme de Mário e as acusações injustificadas de infidelidade, e reclamou de ser "desvalorizada". Ele realmente se ressentia de ela flertar com outros homens, sobretudo quando eles iam dançar, e estava preocupado por ela ter perdido uma quantidade significativa de peso. Ambos expressaram compromisso e frustração com seu relacionamento. Em uma recente discussão acalorada, Maya dera um soco no rosto de Mário, a primeira vez que um deles foi violento com o outro, o que os levou a procurar ajuda. Ela resumiu o dilema deles: "Nós nos amamos e não aguentamos mais ficar juntos".[7]

O pêndulo: motivos de largada-parada-largada-parada

Talvez a ambivalência mais louca de todas seja uma circunstância em que você está suspenso entre duas metas ou opções mutuamente excludentes, ambas com características poderosas de largada e parada. A mesma dinâmica é aplicada a um único objeto de afeto largada-parada, só que agora existem dois (ou até mais). Esse é o cenário clássico "entre dois amores". Quanto mais perto você chega de um, melhor o outro parece. Então, à medida que você se move em direção ao outro, suas falhas se tornam mais aparentes, e o que ficou para trás fica mais atraente. Como um pêndulo, você continua balançando para a frente e para trás. À medida que o pêndulo se move em direção a um lado de seu arco, o atrito e a gravidade o desaceleram até que ele inverta a direção e balance em direção ao outro lado.

Os efeitos adversos da ambivalência do pêndulo dependem, em parte, de quanto tempo ela dura. Às vezes, há um cronograma de decisão que limita quanto tempo a ambivalência pode persistir, como no exemplo a seguir. Sem um prazo claro, a ambivalência do pêndulo pode durar anos ou até décadas. Quando a ambivalência envolve outras pessoas, como em um caso extraconjugal, o dano potencial se estende ainda mais.

Aqui está um exemplo de ambivalência limitada no tempo entre duas opções, cada uma com fortes características de largada e parada. É o enredo básico de muitas histórias e filmes, e também de inúmeros cenários da vida real. A ambivalência começa quando surge a oportunidade de se mudar para outra cidade, como foi o caso da história de Laura, no início deste capítulo. O conflito de Laura foi sobretudo um conflito largada-largada positiva; no entanto, o dilema de Fran acrescenta aspectos negativos significativos a cada escolha.

> A empresa para a qual Fran trabalhou por 17 anos foi comprada por uma companhia maior, e a reorganização estava em andamento. As operações em Jackson, Wyoming, estavam sendo drasticamente reduzidas, e o departamento de Fran estava sendo transferido para o escritório central, na cidade de Nova York. Não havia posição para ela caso permanecesse em Jackson, mas havia uma promoção esperando se ela se mudasse. Fran esteve em *home office* várias vezes e gostava da incrível variedade de coisas para fazer em Nova York; no entanto, trata-se de uma cidade enorme e movimentada, onde ela não conhecia quase ninguém, embora fosse mais próxima de seus pais. Ela odiava a ideia de procurar um novo emprego e talvez começar em um cargo de nível muito inferior ao que já ocupava, em comparação com a promoção que poderia ter. Ainda assim, ela adorava as montanhas onde costumava caminhar ou esquiar, e sentiria falta da beleza e do ritmo descontraído do Wyoming. Ela tinha muitos amigos e uma amada comunidade da igreja em Jackson, embora sempre fosse boa em fazer novos amigos. Fran havia passado por um divórcio amargo dois anos antes e poderia deixar para trás algumas dessas lembranças. E havia Daniel, que ela conhecera sete meses antes. Eles passavam várias noites juntos durante a semana e nos fins

de semana, e ela gostava muito dele. Eles estavam se apaixonando? Parecia muito cedo para saber, mas eles não estavam saindo com mais ninguém, e estava começando a parecer um relacionamento sério. Ainda assim, ela desistiria de todas as oportunidades em Nova York para ficar aqui com ele? Ele era engraçado e eles tinham muito em comum, mas ainda estavam se conhecendo. Os pais dela estavam envelhecendo, e seria mais fácil ajudá-los se ela morasse mais perto. Claro, eles estavam indo bem até agora, e ela estava a apenas algumas horas de avião. Ainda assim...

O diálogo interno de Fran estava cheio de prós e contras sobre ficar e ir, costurados com palavras como *mas*, *ainda assim*, *porém*, *entretanto* e *embora*. Ela tinha um prazo para dizer à empresa se iria se mudar. Nessa data, ela teria que decidir, e a ambivalência terminaria. Será? E se ela ficasse (ou fosse) e depois se arrependesse profundamente?

MOTIVOS CONFLITANTES

A loja de doces, a armadilha, o ioiô e o pêndulo. A maioria das decisões que você toma, grandes ou pequenas, envolve diversas motivações de largada ou parada, algumas das quais podem entrar em conflito umas com as outras. Enquanto escrevo, levanto-me periodicamente da poltrona para uma pausa. Às vezes, o motivo é singular, como uma ida ao banheiro, embora mesmo assim haja considerações conflitantes sobre agora ou depois, e se minha escrita está fluindo ou estagnada no momento. Devo executar essa tarefa agora? Vou pegar algo para comer ou beber? Isso, por sua vez, invoca fatores de parada e largada de hábito, fome, saúde, gosto e tempo de interrupção.

A ambivalência pessoal e pública se desenvolveu drasticamente durante a pandemia de covid-19, com consequências de vida ou morte. A nova ameaça era um vírus invisível a olho nu, capaz de causar doenças graves ou morte, que poderia ser contraído por inalação ou mesmo pelo contato com superfícies infectadas. Mais ameaçadoramente, os portadores do vírus podem infectar outras pessoas sem nunca apresentar sintomas. As medidas de saúde pública para proteger uns aos outros logo ficaram claras: usar máscara perto de outras pessoas, manter distanciamento social, lavar as mãos com frequência, ficar em casa quando possível, fazer o teste em caso de dúvida e colocar-se em quarentena se exposto. Fazer isso exigia uma interrupção importante e desagradável das rotinas familiares e dos negócios de sempre. Mesmo tarefas simples, como ir a uma mercearia, uma igreja ou um restaurante, tornaram-se decisões ambivalentes e potencialmente fatais. As pessoas responderam com uma variedade fascinante de métodos para reduzir ou resolver sua ambivalência; isso será discutido no Capítulo 9. Mesmo quando vacinas eficazes se tornaram disponíveis, a ambivalência permaneceu.

O drama da ambivalência normalmente surge na linguagem — seja falando consigo mesmo em particular por meio dos membros de seu tribunal interno ou conversando sobre o assunto com outras pessoas. Ele se desenrola como um diálogo de motivações de largada e parada, ao falar consigo mesmo ou com outras pessoas sobre a mudança. Os motivos que fazem você se mover em uma ou outra direção são refletidos e expressos em tipos particulares de fala. Certas palavras são facilmente reconhecíveis por serem a forma como nos comunicamos uns com os outros quando solicitamos, consideramos e decidimos sobre mudanças. Você já conhece o significado dessas formas de falar apenas pelo fato de ter crescido e vivido em sociedade, em que fazem parte da cooperação cotidiana. No entanto, você pode não ter considerado os importantes tipos diferentes de linguagem cotidiana que são usados para comunicar e pesar os braços da ambivalência. Esse é o tema do Capítulo 3.

3

A linguagem da ambivalência

Como saber quando alguém está ambivalente? Há pesquisas abundantes sobre esse tópico, mas é provável que, estando ou não consciente disso, você já conheça a maioria das pistas importantes apenas por ter crescido em um mundo social. Faz sentido que, ao longo da evolução humana, as pessoas desenvolvam maneiras de ler as intenções umas das outras. Antecipar com precisão a motivação dos outros favorece o sucesso em esferas da vida tão diversas quanto xadrez, lutas, negócios, casamento e esportes.

Embutidas nas palavras que as pessoas falam ou escrevem estão muitas pistas sobre suas motivações, incluindo os motivos confusos da ambivalência. Dicas não verbais também oferecem informações importantes e podem sinalizar contradições com o que está sendo dito quando uma pessoa é ambivalente ou dissimulada.[1] "Eu prometo" pode ser falado com informações não verbais complementares (como mãos estendidas para a frente, palmas para cima) ou com dicas corporais contraditórias, como encolher os ombros. (Olhe no espelho e experimente!) Conscientes disso ou não, as pessoas que estão experimentando ambivalência literalmente *se inclinam* mais, balançando um pouco de um lado para o outro.[2] É provável que você já saiba como ler alguns desses sinais: contato visual evitado, pausas silenciosas ou um suspiro.

Antes de entrar nos tipos específicos de linguagem que refletem a motivação, é útil falar um pouco sobre mudança, que costuma ser o tema da ambivalência. Mais do que um evento, a mudança é um processo que acontece ao longo do tempo. Ao considerar uma possível ação ou uma mudança, as pessoas geralmente passam por cinco estágios previsíveis.[3] Isso se aplica a todos os tipos de mudança, mas, para uma ilustração clara, pense nos fumantes. No primeiro estágio de *pré-contemplação*, os fumantes não veem motivos para parar e nem mesmo consideram essa possibilidade. Talvez não tenham pensado muito nisso. À medida que algumas preocupações e consequências negativas começam a surgir, eles entram no estágio de *contemplação*. Agora, podem ver tanto os prós quanto os contras de fumar. Em outras palavras, eles se tornam ambivalentes, o que, na verdade, é um passo em direção à mudança.[4] Em seguida, se os contras começarem a superar os prós, a balança começa a pender, e eles entram na fase de *preparação*, considerando o que podem fazer e como fazê-lo. Se encontrarem um caminho aceitável a seguir, eles podem entrar em *ação*, pretendendo e tentando parar, como a maioria dos fumantes. Então, o desafio é *manter* a mudança. Tornar-se um não fumante envolve mais do que apenas parar. Requer alguns ajustes no estilo de vida e na identidade.

A maioria das mudanças humanas não é uma questão imediata. Os fumantes normalmente passam por essa sequência de estágios várias vezes antes de parar definitivamente. O processo inicial de manter uma mudança apesar da ambivalência pode ser um ioiô entre a indulgência e a resistência. O trabalho costuma exigir mais esforço no início, e a fadiga do autocontrole pode se instalar.[5] Dois passos para a frente e um para trás são normais e, com o tempo, uma mudança se torna mais fácil.

A ambivalência é ricamente refletida no que dizemos quando falamos conosco ou com os outros. Pelo menos ao ser honesto, as palavras refletem motivações subjacentes e muitas vezes conflitantes. Com base na pesquisa sobre a fala de mudança,[6] existem ao menos sete tipos de conversa automotivacional que podem ser usados para discernir as intenções dos outros, assim como as nossas. Como veremos, prestar atenção a essas formas de fala também pode ajudar a esclarecer alguns dos enigmas da ambivalência.

Por que chamá-la de linguagem *auto*motivacional?[7] Porque ela não apenas reflete, mas também ajuda a criar e fortalecer suas motivações. Você aprende sobre o que o motiva da mesma forma que outras pessoas: ouvindo-se falar.[8] No diálogo silencioso de pensar ou escrever, e ainda mais ao falar em voz alta, você ouve, cria e reforça o que pensa. Você pode literalmente se convencer (ou não) de uma opinião e uma ação.

Assim como nos estágios de mudança descritos anteriormente, também há uma sequência na linguagem automotivacional. A princípio, há uma fala de mudança *preparatória* que você usa para falar sobre a ambivalência, classificando os prós e os contras das possibilidades. É a linguagem automotivacional da deliberação — experimentar e se preparar para uma possível ação ou mudança. Depois, vem a fala de mudança *mobilizadora*, que literalmente faz você se mexer. Apresentarei quatro exemplos de falas de mudança preparatórias e três tipos de falas de mudança mobilizadoras. Observe que todos os sete tipos de linguagem automotivacional podem ser usados na defesa de qualquer lado da ambivalência (ou multivalência).

FALA DE MUDANÇA PREPARATÓRIA

Ao menos quatro tipos de linguagem automotivacional podem ocorrer à medida que você trabalha com a ambivalência. São coisas que você pode dizer ao falar consigo mesmo ou com outras pessoas. As palavras refletem diferentes vozes de seu tribunal interno enquanto buscam uma solução. Você terá a oportunidade, mais adiante, no Capítulo 12, de experimentá-las por si mesmo, se desejar.

Fala de desejo

Cada idioma na face da terra tem uma maneira de dizer "eu quero". Os bebês aprendem cedo. Falas como essa expressam um *desejo* por algo, com palavras como *desejar*, *gostar* e *querer*. Aqui estão algumas declarações de desejo que você pode ouvir de Fran, cujo dilema do pêndulo ambivalente foi descrito no exemplo no final do Capítulo 2. As palavras de desejo são mostradas em *itálico*.

> Acredito que *gostaria* de morar em Nova York,
> mas *desejo* poder ficar aqui em Jackson sem sair da empresa.
> Eu *amo* meus amigos aqui e *odiaria* deixá-los,
> e eu realmente *quero* continuar explorando meu relacionamento
>   com Daniel,
> mas também *gostaria* de morar mais perto dos meus pais.

Observe que a troca de lados no argumento é marcada pela palavra *mas*, como se um membro diferente do tribunal interno estivesse falando. Fran quer coisas mutuamente excludentes. Se ela pudesse ter as duas coisas, "receber o bolo e comê-lo também", ela o faria. O desejo a puxa em ambas as direções.

Fala de habilidade

A fala automotivacional de *habilidade* diz o que você acredita ser capaz de fazer, o que é possível para você. Algumas palavras-chave ouvidas são *pode*, *poderia*, *capaz* e *possível*. Na voz de Fran:

> Em Nova York, *posso* começar uma vida totalmente nova,
> e sei que *poderia* fazer novos amigos onde quer que estivesse.
> Ainda assim, acho que Daniel e eu *poderíamos* ser parceiros de vida
> e estou *confiante* de que encontraria um bom emprego rapidamente
>   aqui em Jackson, considerando minha experiência.
> Eu acho que é *possível* para mim ser feliz em qualquer lugar.

Além das palavras-chave, pode haver modificadores que transmitam maior ou menor confiança:

Menos confiante: *posso* ser capaz de
                provavelmente poderia

Mais confiante: é *definitivamente* possível para mim
               tenho *muita* certeza de que posso

Fala de razão

A fala da *razão* tem qualidade factual "se... então". A história de Fran está cheia de motivos para ficar e também para se mudar. Em essência, as falas de razão são argumentos lógicos para executar ou não determinada ação. Quando os tribunais discutem ou debatem, os membros expressam razões a favor e contra uma escolha antes de votar nela. Aqui estão algumas *razões* do tribunal interno de Fran:

    Se eu for, estarei mais perto dos meus pais à medida que envelhecem,
    e há tantas coisas interessantes para fazer em Nova York,
    mas é tão bonito aqui no Wyoming, e estar perto da natureza é importante para mim,
    e, se eu for embora, pode ser difícil para Daniel e eu continuarmos explorando nosso relacionamento.

A conjunção *e* tende a encadear razões do mesmo lado da ambivalência, enquanto *mas* sinaliza uma mudança para o outro lado.

Fala de necessidade

Um quarto tipo de diálogo preparatório é a fala de *necessidade*. Essa forma de falar tem uma qualidade de urgência sem dar uma razão específica. Essas declarações podem conter a palavra *necessidade* ou ter outras palavras imperativas, como *deve*, *tem que* ou *não pode*.

> Eu simplesmente *não posso* perder uma promoção como esta,
> e realmente *devo* considerar minha carreira em tudo isso,
> mas também *tenho que* pensar em Daniel nessa decisão,
> e definitivamente *preciso* ter mais do que apenas trabalho em minha vida.

A fala de necessidade enfatiza algo que é um fator importante, talvez até mesmo primordial. "Eu preciso" parece mais forte do que "eu quero". "Preciso estar perto das montanhas" sinaliza que essa é uma consideração muito importante e persuasiva.

Motivos confusos

Esses quatro tipos de fala automotivacional – desejo, habilidade, razão e necessidade – muitas vezes se misturam. O mesmo tipo de diálogo pode ocorrer dentro de uma frase, argumentando a favor e contra uma mudança. Aqui estão duas declarações de desejo conflitantes de Fran:

> Eu *amo* estar aqui em Wyoming, mas também *gostaria* de estar em Nova York.

Dois tipos diferentes de diálogo interno, como habilidade e desejo, podem ocorrer na mesma frase em lados opostos do debate interno de alguém:

> Eu *poderia* deixar as montanhas, mas não *quero*.

Você pode até empilhar três ou quatro motivações diferentes na mesma frase ou no mesmo parágrafo.

> Não *quero* deixar Daniel (desejo), mas *tenho que* pensar na minha carreira (necessidade). Eu *poderia* encontrar outro emprego aqui (habilidade), mas estaria perdendo uma oportunidade muito boa (razão).

Esse é o tipo de discussão que ocorre quando se luta contra a ambivalência. Algumas pessoas preferem fazer a maior parte ou todo o trabalho internamente, conversando consigo mesmas, e algumas preferem (precisam?) conversar em voz alta com outras pessoas, mas as formas de fala são as mesmas.

Existem alguns processos sutis em ação quando se fala em ambivalência. Você pode literalmente se convencer a *aceitar* ou a *rejeitar* uma escolha específica. Os vendedores sabem disso e podem fazer perguntas que o ajudem a se convencer a comprar enquanto se ouve falar. Há também um efeito do que é mais recente ou atual na ordem em que os membros do seu tribunal interno falam. Considere a diferença entre essas duas possíveis declarações de Fran:

> Eu poderia encontrar outro emprego aqui, mas estaria perdendo uma boa oportunidade.
> Eu estaria perdendo uma boa oportunidade, mas poderia encontrar outro emprego aqui.

Vê como elas parecem diferentes? Conforme mencionado no Capítulo 1, a palavra *mas* é como uma borracha. Desvaloriza sutilmente o que aconteceu antes e enfatiza o que vem a seguir. Substituindo a palavra, *e* diminui um pouco esse efeito do que é mais recente, embora a última metade da declaração ainda pareça ter um pouco mais de peso:

> Eu poderia encontrar outro emprego aqui, *e* estaria perdendo uma boa oportunidade.
> Eu estaria perdendo uma boa oportunidade, *e* poderia encontrar outro emprego aqui.

Há informações tão ricas contidas na fala, e isso considerando apenas as próprias palavras. Tom de voz, pausas, expressões faciais e gestos enriquecem ainda mais (e às vezes desmentem) o que está sendo dito.

FALA DE MUDANÇA MOBILIZADORA

Com o passar do tempo e do diálogo, o equilíbrio da ambivalência pode começar a pender para um lado, e certos membros do tribunal interno parecem ter argumentos mais persuasivos. À medida que isso ocorre, pode haver uma mudança na fala, e algumas formas diferentes de discurso começam a aparecer. Por exemplo, Fran pode dizer:

> Estou *disposta* a ficar em Jackson... [ou]
> *Vou* aceitar o emprego em Nova York... [ou]
> Enviei meu currículo para quatro lugares na cidade.

Estes representam tipos de fala de mudança mobilizadora que se aproximam da resolução de uma forma ou de outra.

Suponha que você peça a um amigo para fazer algo. Quando faz esse pedido, você naturalmente ouve com atenção o que a pessoa diz em resposta. Por quê? Porque as palavras que seu amigo usa contêm pistas sobre a probabilidade de que o que você pediu aconteça. Suponha que seu amigo diga:

> Eu *gostaria* (desejo)...
> Eu *poderia* (habilidade)...
> Isso te *ajudaria* (razão)... [ou mesmo]
> Isso é *importante* para você (necessidade)...

Nada disso indica que acontecerá. Todas essas falas sinalizam que seu amigo está considerando, mas ainda não decidiu. O que você espera ouvir é uma fala de mudança mobilizadora: ativação, compromisso ou tomada de passos.

Fala de ativação

No estágio de preparação, mencionado anteriormente, você começa a ouvir uma fala que sinaliza uma disposição ou uma inclinação a agir. Há uma grande variedade de maneiras de seu amigo dizer que está inclinado a fazer o que você pediu. Elas não constituem uma promessa ou um compromisso, mas a fala de ativação é mais promissora do que "poderia" ou "gostaria". Aqui estão alguns exemplos:

> Estou disposto...
> Eu planejo...
> Estou inclinado...
> Estou pronto para...
> Vou considerar.

Uma declaração como essa não seria suficiente como contrato ou no altar do casamento. No entanto, ao falar consigo mesmo ou com outras pessoas, a fala de ativação indica uma disposição positiva, uma inclinação do equilíbrio da ambivalência. Fran pode dizer:

> Estou *disposta* a ficar em Jackson.
> Estou *pensando* em ir para Nova York.
> Estou *inclinada* a ficar em Jackson.
> Estou *pronta* para aceitar a promoção.

Respostas como essas não seriam suficientes ao fazer um voto de casamento: "Você promete ser fiel ao seu parceiro no melhor ou no pior, na riqueza ou na pobreza, na saúde e na doença, até que a morte os separe?". Nesse caso, "estou pensando nisso" ou "estou inclinado a" não funcionaria. O que é necessário é um tipo de compromisso mais claro e forte, um "Sim".

Fala de compromisso

Há uma variedade de fala que sinaliza promessa, decisão ou compromisso, em vez de ambivalência: eu vou, eu faço, eu prometo, eu juro, eu garanto, dou minha palavra. É a linguagem dos acordos e dos contratos. Se Fran se decidisse, ela poderia dizer "Eu *irei* para Nova York" ou "Eu *prometo* ficar com você em Jackson". Às vezes, a fala de compromisso também especifica um horário: "Te avisarei amanhã de manhã". A linguagem do compromisso implica que isso vai acontecer.

Dar passos

Outra coisa que acontece quando a gangorra da ambivalência aponta para a ação é que a pessoa começa a dar passos, fazendo até mesmo pequenas coisas que indicam intenção. Alguém lutando contra a depressão compra os remédios prescritos ou agenda uma consulta com um terapeuta. Uma mulher que deseja se exercitar compra um par de tênis de corrida. Um homem que pretende parar de beber se desfaz de todo o álcool da casa. Essa descoberta surgiu enquanto estudávamos a linguagem motivacional dos clientes durante a psicoterapia.[9] Mesmo antes de assumir um firme compromisso, as pessoas podem voltar para uma sessão e descrever coisas que fizeram e que são passos para uma mudança positiva.

A LINGUAGEM DOS ESTÁGIOS DE MUDANÇA

Voltando aos estágios de mudança descritos anteriormente, a linguagem fornece pistas sobre onde alguém está no processo. Na pré-contemplação, quando as pessoas nem mesmo consideraram a mudança ou a ação, haveria pouca ou nenhuma fala de mudança preparatória — não há expressão de desejo, habilidade, razão ou necessidade. Apenas não é um tópico de conversa no tribunal interno. Se alguém sugere uma necessidade de ação, as pessoas em pré-contemplação provavelmente ficarão surpresas, não tendo percebido nenhum desejo, razão ou necessidade, mesmo que fossem capazes de fazê-lo. Antes das mudanças acontecerem em sua empresa, Fran ficaria surpresa se alguém sugerisse que ela se mudasse para Nova York. Ela nem havia considerado essa hipótese.

A contemplação é onde a ambivalência emerge. Aqui, você começa a ouvir falas de mudança preparatória de ambos os lados, separadas por palavras como *mas*, *ainda*, *embora* e *entretanto*. Você consegue identificar o desejo, a habilidade, a razão e a necessidade em ambos os lados?

> Acho que precisamos começar uma família logo, se quisermos. Acredito que gostaria de criar filhos, embora ache que você nunca sabe exatamente no que está se metendo. Meus pais querem muito ter netos. Poderíamos fsazer isso agora que estamos mais estabelecidos e, se não engravidarmos, há muitas crianças no mundo que precisam de um bom lar. É um compromisso tão grande, considerando os aspectos emocional e financeiro, e nossa vida está muito boa do jeito que está. No entanto, se não tivermos filhos, podemos nos arrepender mais tarde.

Você entendeu a ideia. É o pingue-pongue "sim... mas" da ambivalência, com prós e contras persuasivos. À medida que a balança começa a pender, a fala de mudança preparatória começa a crescer de um lado, e um pouco da fala de ativação pode começar a aparecer.

> Acho que realmente quero que tentemos e vejamos o que acontece. É assustador, mas penso que estamos prontos. Podemos fazer isso agora, e não quero olhar para trás daqui a dez anos desejando que tivéssemos feito. Estou disposto até a procurar adoção. Podemos começar a arrumar o quarto extra como um berçário, se necessário.

Essa fala ainda está experimentando a ideia, se acostumando com ela. Você pode ouvir o estágio de preparação. O que vem a seguir é a fala de compromisso e o estágio de ação.

> Certo, vamos tentar e ver o que acontece. Vou parar de usar anticoncepcional.

Claro, nem todo mundo que tenta engravidar o faz imediatamente. Que passos e opções eles podem tomar para manter sua intenção?

Esse exemplo destina-se apenas a ilustrar como a linguagem da ambivalência muda ao longo do tempo e dos estágios de mudança. Haveria duas pessoas envolvidas na conversa anterior e, se estivessem em diferentes níveis de prontidão, a ambivalência se tornaria mais complicada. Os aspectos interpessoais da ambivalência são discutidos no Capítulo 5.

Eis outro exemplo. Enquanto terminava de escrever este livro, ouvi uma palestra descrevendo como é possível para uma pessoa com diabetes melito tipo 2 reverter a doença metabólica mudando para uma dieta baseada em plantas, tornando-se essencialmente um ex-diabético. Fui diagnosticado há 15 anos, e minha doença está bem controlada desde então, mas minha expectativa era de que se tratasse de uma doença crônica que pioraria gradualmente com o tempo. E se não for necessariamente assim? Para um pesquisador, a ciência parecia bastante sólida, então comprei e li um texto sobre o assunto.[10] Isso me levou a experimentar algumas receitas novas (eu gosto de cozinhar) e a comprar mantimentos de maneira diferente. Se você tivesse me ouvido conversando com amigos sobre o que eu estava fazendo por um período de semanas, teria presenciado uma progressão de linguagem mais ou menos assim:

Contemplação
- Eu ouvi que pode ser viável reverter diabetes.
- Estou lendo sobre uma forma diferente de comer que pode reverter a resistência à insulina.
- Não tenho certeza se quero fazer uma mudança tão grande.

Preparação
- Estou pensando em dar uma chance a esse programa.
- Estou estudando como fazer o que é basicamente uma dieta vegana.
- Estou disposto a experimentar e ver como me sinto.

Ação
- Estou experimentando uma forma diferente de cozinhar e estou comendo muito mais frutas e vegetais.
- Estou fazendo isso há um mês, e minha glicemia de jejum já caiu 20 pontos.
- Estou gostando dos sabores sutis das receitas que faço.

O ponto nesses exemplos é que a linguagem é um meio primário para expressar e até lidar com a ambivalência, de forma intra ou interpessoal, e tem formas previsíveis que você pode reconhecer quando as ouvir. Compreender e resolver o quebra-cabeças será o foco da Parte III deste livro. Mas, primeiro, a Parte II explora como a ambivalência realmente funciona e como ela molda nossas vidas.

PARTE II

COMO FUNCIONA

4
Fontes de ambivalência

O professor Milton Rokeach estava especialmente interessado em como os valores afetam as escolhas e o comportamento das pessoas. Em seu clássico livro *The nature of human values*,[1] ele relatou uma série de experimentos conduzidos na Michigan State University no final dos anos 1960, nos quais os alunos (97% dos quais eram brancos) classificaram a importância para si mesmos de valores como "uma vida confortável" e "um mundo em paz". Dos 18 valores da lista, dois em especial — igualdade e liberdade — chamaram a sua atenção. O valor mais bem classificado (n. 1) foi a liberdade pessoal, enquanto a igualdade recebeu prioridade muito menor em média (n. 11). Ele se perguntou se apontar isso poderia ter algum efeito no comportamento posterior dos alunos.

Em três experimentos subsequentes, os alunos preencheram o questionário de valores e, em seguida, alguns deles (em salas de aula designadas aleatoriamente para a condição experimental) receberam o seguinte *feedback* com base em sua pesquisa anterior:

> Os alunos, em média, achavam que a *Liberdade* era muito importante — eles a classificavam em 1º lugar —; mas sentiram que a

> *Igualdade* era consideravelmente menos importante — a classificaram em 11º lugar. Aparentemente, os alunos da Michigan State University valorizam mais a *Liberdade* do que a *Igualdade*. Isso sugere que os alunos da MSU, em geral, estão muito mais interessados em sua própria liberdade do que na liberdade de outras pessoas.[2]

Eles puderam comparar suas próprias classificações com as dos alunos em geral e, em seguida, lhes foram mostrados os resultados de um estudo recente, que indicou que os estudantes que participaram de manifestações pelos direitos civis classificaram a *Igualdade* em nível muito mais alto (5 de 18) do que aqueles que disseram ser simpáticos, mas não participantes (11 de 18), ou antipáticos aos direitos civis (17 de 18). O *feedback* experimental concluiu:

> Isso levanta a questão de saber se aqueles que são *contra* os direitos civis estão realmente dizendo que se preocupam muito com sua *própria liberdade*, mas são indiferentes à liberdade de outras pessoas. Aqueles que *defendem* os direitos civis talvez estejam realmente dizendo que não querem apenas liberdade para si mesmos, mas também para outras pessoas. O que você acha?[3]

Rokeach chamou esse *feedback* de experiência de *autoconfrontação*, porque foi feito em sala de aula, e apenas os próprios alunos conheciam suas respostas anteriores. Em essência, as instruções poderiam evocar algum arrependimento ioiô naqueles que classificaram a igualdade abaixo da liberdade. Já para aqueles no grupo-controle, que completaram os mesmos questionários nos três estudos, não foi dado *feedback* para que comparassem suas próprias avaliações, tampouco foi dada atenção particular aos itens de *liberdade* e *igualdade*.

Poderia uma autoconfrontação tão breve fazer alguma diferença? Foi solicitado aos alunos dos estudos que preenchessem a mesma pesquisa de valores novamente, pelo correio, três e 15 meses depois. Em relação aos alunos do grupo-controle, aqueles que receberam o *feedback* atribuíram valor significativamente maior à *igualdade*.

Isso não é notável em si, mas, além dessa mudança nos valores relatados, haveria algum efeito duradouro no comportamento? Para testar isso, alguns meses após o experimento, os mesmos alunos receberam uma carta de solicitação pelo correio, convidando-os a ingressar na National Association for the Advancement of Colored People (NAACP). A carta estava em papel timbrado da NAACP e assinada pelo presidente da organização. Os alunos não tinham motivos para conectá-la com o experimento sobre valores do qual haviam participado três a cinco meses antes. Para ingressar na NAACP, eles precisavam preencher um formulário de inscrição, incluí-lo junto com um dólar em um envelope de retorno selado e enviá-lo pelo correio. A taxa de adesão mais do que dobrou no grupo que esteve na condição de *feedback* (15 *versus* 7%). A única diferença entre esses grupos era se eles haviam sido designados aleatoriamente para receber ou não os valores de autoconfrontação.

Em outro experimento na Michigan State,[4] estudantes participaram do mesmo tipo de estudo sobre valores, recebendo ou não a breve experiência de *feedback* de autoconfrontação descrita anteriormente. Três meses depois, eles foram convidados por correio a participar de um estudo diferente, envolvendo uma conversa de dez minutos com um aluno negro. Metade dos 72 participantes brancos estava na condição de *feedback*, e a outra metade na condição sem *feedback*. Como uma medida sensível de atração interpessoal ou de "se dar bem", os pesquisadores mediram a quantidade de contato visual que ocorreu durante a conversa. Em comparação com o grupo-controle, aqueles que já haviam estado na condição de autoconfrontação passaram significativamente mais tempo em contato visual direto com o aluno negro.

Os efeitos comportamentais do *feedback* não pararam por aí. Os alunos do segundo dos três estudos eram toda a turma de calouros de uma faculdade de Ciências Sociais na Michigan State. Quase dois anos depois, eles optaram por especialização em uma de cinco áreas de estudo, entre as quais havia o curso em Relações Étnicas. Dos alunos que participaram do grupo de autoconfrontação, 42% escolheram o curso de Relações Étnicas, em comparação com 22% no grupo-controle.

O terceiro dos três experimentos foi conduzido com uma turma de calouros de uma faculdade de Ciências Naturais. Dois anos depois, cerca de um em cada quatro desses alunos havia se transferido para um novo curso. Desses, 55% que estiveram na condição de autoconfrontação se transferiram para uma especialização em Ciências Sociais ou Educação, em comparação com 15% que estiveram na condição de controle.

■■■

É claro que a exposição à informação pode mudar atitudes, valores, comportamentos e escolhas que moldam a vida. Embora não declarado como tal, Rokeach estava essencialmente despertando ambivalência ao destacar a inconsistência de valores. O efeito foi surpreendentemente extensivo.

MEMBROS DO TRIBUNAL DE JUSTIÇA INTERNO

Voltando à metáfora da ambivalência como um tribunal interno, quem são seus membros? Se parte de você quer algo e outra parte não, quais são essas partes?

Com base em toda uma vida de pesquisa, Milton Rokeach propôs um modelo da natureza humana que considero especialmente útil para entender a ambivalência e a mudança. Ele entendia que a personalidade era organizada em uma série de níveis que podem ser imaginados como anéis concêntricos, conforme retratado no diagrama a seguir.

O círculo externo, mais efêmero, consiste em suas experiências imediatas, como *pensamentos*, *sentimentos* e *comportamentos*. Por trás dessas experiências imediatas, estão inúmeras *crenças* específicas que são adquiridas e continuam a mudar com a vivência. As crenças, por sua vez, influenciam e são organizadas em milhares de *atitudes* mais amplas, que são um pouco mais estáveis, mas também mudam ao longo do tempo com a mudança das vivências e das crenças. Subjacentes a essas atitudes, e mais centrais à identidade, estão seus *valores*, dos quais Rokeach reconheceu dois tipos. Pri-

MODELO DE PERSONALIDADE DE MILTON ROKEACH

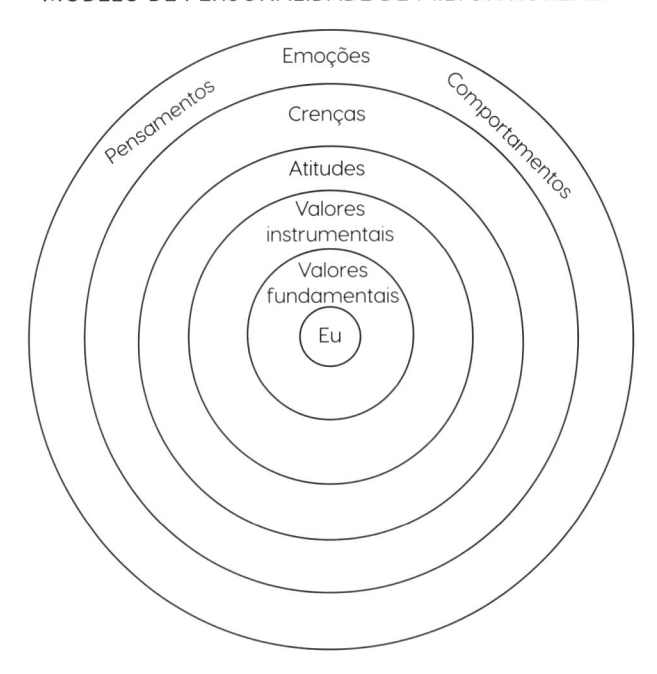

(Diagrama de círculos concêntricos, do exterior para o interior: Pensamentos / Emoções / Comportamentos; Crenças; Atitudes; Valores instrumentais; Valores fundamentais; Eu.)

meiro, você tem algumas dezenas do que ele chamou de *valores instrumentais*, que são essencialmente formas de viver no mundo, hábitos organizados da mente e do coração, como realizar, colaborar, competir, obedecer e perdoar. Esses são objetivos sobre *fazer*. Abaixo deles há aproximadamente uma dúzia de *valores fundamentais*,[5] os fins ou os objetivos que você mais valoriza e persegue. Esses são os objetivos de *ser*: menos sobre o que você quer fazer, mais sobre quem você quer ser. David Brooks chamou-os de *virtudes de louvor* (*eulogy values*).[6] Idealmente, seus objetivos de *fazer* servem aos seus objetivos de *ser*. Você terá a oportunidade de explorar seus próprios valores fundamentais no Capítulo 10. Por fim, o círculo mais profundo ou central é o seu senso de identidade mais estável, quem você é ao longo dos anos. Esse é o observador "eu" em declarações como "eu estou infeliz comigo mesmo" ou "eu entendo você".[7] Há uma sensação de que o mesmo "eu" esteve lá como testemunha durante toda a sua vida, embora cada célula do seu corpo tenha sido substituída desde que você era criança.

Qualquer um desses elementos pode colidir entre si. No nível mais periférico, você pode fazer ou dizer uma coisa, enquanto pensa ou sente de forma diferente. Pensamentos e sentimentos podem entrar em conflito. Você pode sentir seu estômago roncando, mas pensa: "Não quero comer agora". As atitudes podem entrar em conflito umas com as outras ou com crenças ou valores mais profundos. Como regra geral, é especialmente perturbador quando um aspecto externo, como um comportamento, entra em conflito com um componente mais profundo, como um valor central, e é mais provável que este último prevaleça.

> Enquanto ele ia buscar os filhos na biblioteca, começou a chover. Eles não estavam esperando na frente quando ele chegou, então ele parou no meio-fio e estacionou com o motor ainda ligado. Esperando impacientemente, o pai começou a vasculhar os bolsos, os assentos e o porta-luvas, em busca de um cigarro. Sem sorte. Ele conhecia uma loja na esquina em que poderia comprar cigarros, então engatou a marcha, pisou no acelerador e, quando começou a se afastar do meio-fio, olhou pelo espelho retrovisor e viu os filhos saindo da biblioteca. Seu pensamento imediato foi "Acho que posso ir até a loja e voltar antes que eles fiquem muito molhados".[8]

O resultado dessa história verídica é que o pai, um fumante dependente de nicotina, parou abruptamente de fumar naquele momento. Ele havia fumado seu último cigarro. O que aconteceu foi uma autoconfrontação. Seu hábito de fumar entrou em conflito com um valor profundamente arraigado de ser um bom pai. "Meu Deus, eu sou um homem que deixaria seus filhos parados na chuva para buscar uma droga!". A paternidade venceu. Nem sempre acontece assim, mas é um bom exemplo de conflito entre diferentes níveis de nossa natureza humana. Tornar-se consciente de tais contradições pode levar a uma reavaliação desconcertante de si mesmo. As atitudes, em particular, podem mudar em resposta a tais contradições ou ao se envolver em um comportamento que se choca com as crenças atuais.

AMPLIFICADORES DA AMBIVALÊNCIA

Vários fatores podem amplificar a ambivalência e o sofrimento associado a ela. Um fator óbvio é o fato de que, quando os componentes positivos e negativos são ambos fortes e conflitantes, a ambivalência é intensificada. Um exemplo comum é o conflito entre prazer imediato e intenso e consequências negativas potencialmente graves. Sexo, drogas e álcool são fontes familiares de ambivalência angustiante, assim como a necessidade e a vulnerabilidade de relacionamentos íntimos.

Três outros amplificadores de ambivalência são discutidos aqui: identificação, tempo e viés de negatividade.

Identificação

É possível se *identificar* com crenças ou comportamentos específicos. Isso atribui grande importância ao que é um elemento mais superficial de você (ver o diagrama). Em essência, essa identificação estabelece um vínculo direto entre o seu eu central e esse elemento periférico, que ignora valores potencialmente importantes ao longo do caminho e atribui a ele um significado especial como quem você é. Torna-se uma forma de anunciar ao mundo: "Esse é quem eu sou!".

A identificação torna-se especialmente proeminente no processo de desenvolvimento da *diferenciação* durante a adolescência, separando quem você é e quem não é. Estilos de roupas, de fala, de consumo e de comportamento assumem importância especial. Essas armadilhas periféricas da identidade podem parecer importantes em si mesmas, mas seu significado está em dizer: "Esse sou eu".

Esse processo de identificação com periféricos pode continuar e continua na idade adulta, refletindo em como você se veste, fala e age; os grupos de referência com os quais você se associa; e como você gasta seu tempo e seu dinheiro. Adesivos de para-choque são exemplos populares, estampando veículos com motivos para gostar ou não de você.

Como a identificação é relevante para a ambivalência? Você pode se tornar especialmente possessivo e defensivo em relação aos periféricos que associa à sua identidade, ao seu *eu*. O fato de alguém desaprovar ou mesmo questionar um deles é criticá-*lo* como pessoa, o que, por sua vez, tende a evocar reações mais extremas. Você literalmente *leva para o lado pessoal*. "Insultar meu cachorro (ou carro, roupa, time, partido político, organização) é *me* insultar". Essa identificação pode substituir valores importantes, de modo que você não pareça ambivalente quando talvez devesse ser. Para alguns estadunidenses, durante a pandemia da covid-19, a recusa em usar máscara facial tornou-se uma declaração de identidade pessoal ou política, intensificada ainda mais por um pouco de reatância desafiadora, uma percepção de violação injusta de sua liberdade. Os conflitos sobre o simples ato de usar máscara protetora assumiram significado pessoal, escalando, às vezes, para ameaça ou violência real.

A identificação pode resultar em mudanças mais estáveis em crenças, atitudes e comportamentos, um processo frequentemente chamado de *conversão*.[9] As organizações, compreensivelmente, convidam à identificação, de modo que as crenças de um indivíduo sobre a organização se tornem autorreferenciais ou autodefinidas.[10] No extremo, a identificação cria uma lealdade inquestionável, mesmo na violação de atitudes e valores anteriores. Táticas intencionais de "quebra de senso" podem ser usadas para interromper e mudar o senso de identidade das pessoas, criando uma nova identidade "ideal" que esteja em consonância com os propósitos da organização.[11] Além de fomentar a lealdade, tal transformação de identidade pode favorecer a sobrevivência organizacional ou mesmo física do indivíduo, como no treinamento militar. A assunção progressiva de papéis e uma mudança para a autoidentificação como "alcoólatra" é um processo importante nos Alcoólicos Anônimos.[12]

Tempo

Os prazos costumam intensificar a ambivalência, que tende a aumentar à medida que se aproxima o momento em que uma escolha deve ser feita.

Decisões que podem ser adiadas para o futuro ainda podem estar presentes em segundo plano, mas são menos angustiantes do que escolhas iminentes. De fato, o alívio temporário da ambivalência é uma atração sedutora da procrastinação. "Vou lidar com isso mais tarde."

Quando há pressão para escolher, as consequências de curto prazo podem superar as considerações de longo prazo. Um fenômeno conhecido como *desvalorização pelo atraso* (*delay discounting*) envolve dar menos peso às consequências que estão mais distantes no futuro, sejam elas positivas ou negativas. O prazer imediato de inalar nicotina pode ofuscar o perigo de câncer de pulmão aos 65 anos. Com o aumento da idade, a prevenção de possíveis doenças e incapacidades aumenta. A desvalorização pelo atraso torna-se extrema nas garras da dependência química, quando tudo o que importa é o que está imediatamente disponível, e qualquer ambivalência sobre o futuro não tem importância. Quando você não consegue respirar, nada mais importa.

Vale a pena diferenciar ignorância, indiferença e ambivalência. Quando uma escolha é iminente, como uma decisão ou uma eleição futura, é uma experiência muito diferente não saber nada sobre os problemas (ignorância), não se importar com o resultado (indiferença) ou saber e se importar e estar em conflito pelos prós e pelos contras das escolhas possíveis. Considere o tópico ainda controverso da mudança climática global causada pelo homem. Algumas pessoas estão desinformadas sobre o assunto, dando pouca ou nenhuma atenção a ele. Outras estão informadas, mas indiferentes, não se importando realmente com o assunto de uma forma ou de outra. Aquelas que são ambivalentes conhecem e se preocupam, e podem usar uma variedade de estratégias para reduzir sua ambivalência (ver o Cap. 9).

Viés de negatividade

"Ah, amigos, quão poucas pessoas acreditarão nas coisas boas que ouvem em comparação com aquelas que acreditam em todas as coisas ruins que ouvem".[13] Isso foi escrito por Teresa de Ávila, há cinco séculos, e ainda é verdade. Parece haver algo programado na humanidade que dá atenção preferencial a informações negativas. Basta examinar a cobertura diária da mídia, cuja maior parte são más notícias, porque "é isso que as pessoas querem saber", é isso que vende. Faz sentido, do ponto de vista da sobrevivência, que sejamos vigilantes de modo diferencial para qualquer coisa que seja potencialmente ameaçadora.

A partir da pesquisa psicológica, fica claro que as pessoas dão mais peso às informações negativas do que às positivas.[14] Sei bem disso, mas, quando recebo formulários de avaliação anônimos de alunos, examino a maioria das apreciações e seletivamente atendo os poucos inevitáveis retornos de pessoas que, por qualquer motivo, ficaram menos felizes com seu aprendizado. Se eu mudasse meu ensino em resposta a alguns descontentes, isso poderia perturbar o que estava funcionando bem para muitos outros. Ainda assim, eu os leio e pondero.

Existem canais cognitivos distintos para o processamento de informações positivas e negativas, em vez de um único sistema bipolar de detecção do bem e do mal.[15] É assim que é possível ver o bem e o mal, os prós e os contras em uma única pessoa ou situação. A ambivalência raramente é equilibrada. Predominará o negativo ou o positivo, e, quanto mais conflitantes forem as informações, maior será a tensão subjetiva.[16]

Quando as pessoas falam sobre sua ambivalência, é normal que expressem informações positivas e negativas, mesmo em uma única frase, e muitas vezes com um *mas* no meio. Mesmo ao ouvir a própria voz, as informações negativas costumam receber maior atenção. É mais provável que você seja persuadido pelo que você mesmo diz do que pelo que os outros lhe dizem, e, ao ouvir a si mesmo falar, você é mais influenciado pelo lado negativo que expressa do que pelo positivo.[17] É mais fácil convencer-se a desistir do que a mudar. O *status quo* tem uma certa inércia, e membros temerosos do tribunal interno podem influenciar a votação. Os motivos de parada são geralmente mais angustiantes do que os motivos de largada, e muitas vezes também mais carregados emocionalmente, de modo que, quanto mais negatividade estiver envolvida na ambivalência, mais angustiante ela provavelmente será.

DEMANDAS EXTERNAS

Até agora, consideramos principalmente a ambivalência interna de valores, objetivos, crenças e comportamentos conflitantes. A ambivalência também pode surgir por meio de conflitos com demandas externas de relacionamentos e papéis importantes. Suas preferências podem colidir com as expectativas de familiares, amigos, colegas de trabalho ou autoridades. Com anos de casamento, me vi cada vez mais ambivalente quanto a irmos a reuniões sociais. Sozinho, eu poderia sair de uma festa quando quisesse e, ao ter que ficar mais tempo, sentia minha energia e meu interesse diminuídos, uma experiência comum para um introvertido.[18] Minha esposa, em contrapartida, prospera na interação social e está apenas começando, enquanto eu já estou cansado. Nós dois temíamos as discussões sobre quando partir, e uma solução mutuamente feliz era pegar dois carros ou providenciar outro transporte separado. Ambivalência resolvida.

Os próprios papéis sociais podem conter demandas conflitantes. Um oficial de condicional é um defensor de apoio para os infratores e um executor das condições do tribunal para proteger a segurança pública. Os médicos precisam equilibrar a experiência clínica com uma presença engajada e empática no atendimento aos pacientes. Os professores também equilibram a promoção da competência com a preocupação em relação ao crescimento pessoal e ao bem-estar de seus alunos.

O Capítulo 5 explora com mais profundidade algumas influências sociais na ambivalência, que é uma experiência não apenas de indivíduos, mas coletivamente de famílias, grupos e nações. A ambivalência é uma qualidade inerente à sociedade civil enquanto lutamos juntos para equilibrar necessidades e interesses conflitantes.

5

Influências sociais

O Capítulo 4 concentrou-se principalmente nas fontes de ambivalência que surgem dentro de você, mas também há influências poderosas das pessoas e do ambiente ao seu redor. Este capítulo trata dos efeitos sociais sobre valores e ambivalência.

A PRÓPRIA SOCIEDADE É AMBIVALENTE

Interesses conflitantes são uma parte normal da vida com outras pessoas. As sociedades civis lutam para equilibrar a liberdade individual e o bem-estar coletivo. Os pais procuram combinar educação e estabelecimento de limites, seguindo um curso entre os perigos gêmeos de serem muito permissivos ou muito controladores. Quando os pais e a sociedade são bem-sucedidos, os filhos aprendem o autocontrole, equilibrando contenção e autoafirmação apropriadas, treinamento básico para viver com ambivalência.

Questões de política pública geralmente tratam de interesses concorrentes e conflitantes. Como sociedade, por exemplo, somos profundamente ambivalentes em relação às drogas psicoativas. Alguns comerciais de medicamentos parecem sugerir que ninguém deveria sentir desconforto: Tome algo! As representações do álcool na mídia costumam associá-lo a uma sensação de alívio: "Preciso de uma bebida!". O uso de drogas deve ser considerado uma escolha individual, um motivo para tratamento compassivo ou um crime a ser punido? Os Estados Unidos sofreram uma epidemia de mortes por *overdose* de opiáceos prescritos e não prescritos. O tabaco e o álcool são ainda as maiores causas evitáveis de morte e incapacidade, impondo altos custos à sociedade. O antes inquestionável direito de fumar em qualquer lugar – em aviões, restaurantes e teatros – deu lugar a restrições progressivas no interesse da saúde pública.

Questões políticas polêmicas tendem a ser sobre interesses conflitantes, muitas vezes interpretados como direitos. Quando o direito de um feto à vida supera o direito de uma mulher à autonomia nas escolhas sobre seu próprio corpo? O que é uma taxa justa de tributação para indivíduos e corporações a fim de contribuir para o bem comum? Até que ponto a poluição de indivíduos (como emissões dos automóveis) e atividades comerciais deve ser regulamentada no interesse de ar e água limpos ou para reduzir o aquecimento global? Culturas e nações, como indivíduos, diferem na prioridade relativa dada à liberdade pessoal e ao bem-estar comum, assim como a consequências de curto prazo *versus* consequências de longo prazo.

NINGUÉM É UMA ILHA

Seus próprios valores são influenciados pelas experiências de seus amigos, seus familiares, sua comunidade e sua cultura. Uma fonte comum de ambivalência pessoal é quando suas próprias crenças ou suas ações diferem das de pessoas que são importantes para você. Quem é importante em seu mundo? Existem pessoas cujas perspectivas não importam para você; você não se preocupa se suas opiniões são diferentes das delas. Os valores de quem *são importantes* para você? Essas pessoas fazem parte do que geralmente chamamos de *grupo de referência*, são aquelas pessoas com as quais você se *identifica*, conforme discutido no Capítulo 4 (veja o quadro a seguir). Seu grupo de referência oferece normas sobre o que é certo ou errado, apropriado ou inapropriado, normal ou anormal. Você compara seu próprio comportamento, sua aparência, suas crenças e seus valores com os de seu grupo de referência e, quando eles entram em conflito, podem evocar sentimentos ambivalentes. Quanto maior a discrepância, maior o desconforto.

Existe uma poderosa necessidade humana de pertencimento. Seu grupo de referência inclui pessoas com as quais você compartilha *pertencimento*. Você é semelhante a elas de maneiras que são importantes para você. A semelhança importa. Há também algumas maneiras pelas quais você difere do seu grupo de referência. Com amigos ou familiares, pode haver tópicos que você sabe que deve evitar em uma conversa por causa de diferenças desconfortáveis. No geral, porém, esses relacionamentos são importantes para você.

Quem está no seu grupo de referência?

Imagine uma sala de reuniões na qual estão as pessoas que fazem parte do seu grupo de referência, e você está de pé, na frente. Essas são as pessoas de quem você gosta, cujas opiniões são importantes para você. Elas representam o que você considera uma forma desejável de ser. Você se sente confortável com elas e, de certa forma, gosta delas ou as admira. Você se importa com o que elas pensam a seu respeito.

Que pessoas estão na sala? Quais estão na primeira fila? Nomeie-as. Elas podem estar vivas ou não, mas representam padrões com os quais você se compara. Quem mais está na sala? Quem está na fila de trás?

Um grupo de referência pode ser formado por experiências compartilhadas e tempo significativo juntos. O treinamento militar básico é projetado para criar um corpo de pessoas afins e comprometidas com um propósito comum. Na faculdade de medicina, as imensas demandas de tempo e condições de valor podem ser encapsulantes, alimentando medos de inadequação pessoal e um desejo de corresponder ou superar as expectativas. Nos Alcoólicos Anônimos, a experiência comum cria um vínculo forte, e os membros encontram um "grupo familiar" ao qual pertencem. Os partidos políticos e as congregações religiosas podem atrair pessoas semelhantes, fornecendo um grupo de referência coerente. Cada um é uma espécie de bolha, com pessoas de dentro e de fora.[1]

Dentro de uma bolha, pode haver fortes pressões por conformidade. Em uma série de experimentos clássicos, o psicólogo social Solomon Asch demonstrou como a pressão por conformidade pode anular até mesmo o testemunho dos próprios sentidos e da razão.[2] Os indivíduos concordarão com julgamentos que estão obviamente errados (como qual das duas linhas é a mais longa) se vários outros já tiverem dado uniformemente a resposta errada. A estabilidade da conformidade é aprimorada quando um grupo de referência se isola dos demais e evita quaisquer fontes de informação que entrem em conflito com suas crenças.

AVALIAÇÃO EMBUTIDA NA LINGUAGEM

Valores envolvem *avaliação*, sobre aquilo com o que você se importa mais e menos. O Capítulo 10 proporcionará uma oportunidade de entender melhor seus próprios valores e o papel que eles desempenham na ambivalência. Por ora, neste capítulo sobre influência social, considere como os valores são codificados na linguagem que usamos quando nos comunicamos uns com os outros.

Às vezes, os valores são expressos com bastante clareza na rotulagem moral de pessoas ou objetos como bons ou ruins, maravilhosos ou horríveis. Nossa linguagem é rica em termos de moralidade para veneração ou degradação direta. A avaliação também pode ser incorporada de maneira mais sutil nas palavras que usamos. Um bom exemplo é a terminologia empregada para descrever alguém. A pesquisa linguística em psicologia social revela como a linguagem usada para descrever traços de personalidade contém uma dimensão descritiva e uma dimensão avaliativa.³ O aspecto *descritivo* denota até que ponto alguém mostra determinada característica de comportamento. Com que facilidade se desfaz do dinheiro, muda de ideia ou se comporta de forma agressiva? A dimensão *avaliativa* reflete até que ponto o falante considera essa característica positiva ou negativa. Tanto a informação descritiva quanto a avaliativa estão embutidas nas descrições das pessoas.

De forma simples, isso pode ser ilustrado como a seguir. Na figura "Comportamento de Risco", por exemplo, a dimensão horizontal é descritiva, denotando até que ponto uma pessoa assume riscos. As caixas à esquerda são de alto risco; aquelas à direita são de baixo risco. O componente vertical é avaliativo: na linha superior, a pessoa está sendo julgada positivamente; na linha inferior, o mesmo comportamento é julgado negativamente. Assim, as pessoas que prontamente assumem riscos podem ser descritas como corajosas ou tolas, dependendo de como o falante considera o comportamento em questão. Da mesma forma, a segunda figura descreve até que ponto as

COMPORTAMENTO DE RISCO

	Alto risco	Baixo risco
Avaliação positiva	Audacioso Corajoso	Cauteloso Prudente
Avaliação negativa	Insensato Imprudente	Covarde Tímido

ADESÃO A ALTOS PADRÕES ÉTICOS

	Alta adesão	Baixa adesão
Avaliação positiva	Confiável Consciencioso	Flexível Adaptável
Avaliação negativa	Rígido Hipócrita	Corrupto Sem princípios

pessoas aderem a altos padrões morais ou éticos. Aquele que o faz pode ser julgado positiva (consciencioso) ou negativamente (hipócrita) com base no mesmo comportamento. As pessoas que não são limitadas por altos padrões podem ser descritas como adaptáveis ou sem princípios, dependendo se seu comportamento é julgado positiva ou negativamente.

MANTENDO CONVICÇÕES PRÉVIAS

Depois de se comprometer com uma avaliação na presença de outras pessoas importantes, há uma tendência a manter e defender essa impressão, e desviar-se dela torna-se uma fonte de ambivalência. O mesmo comportamento pode ser rotulado de forma positiva ou negativa, dependendo de quem o está praticando. Pessoas que se envolvem em altos riscos podem ser descritas como "ousadas", se você gostar delas, ou "imprudentes", se não gostar. Um atributo possivelmente negativo em alguém de quem você gosta (fonte potencial de ambivalência) pode ser rotulado novamente sob luz positiva, mantendo, assim, uma impressão favorável. Esse fenômeno foi denominado *efeito halo* — a tendência de reter uma impressão previamente positiva, reinterpretando informações inconsistentes e ampliando o benefício da dúvida. O oposto também pode funcionar: defender uma impressão desfavorável anterior, evitando ou descartando informações positivas.

Uma oportunidade fascinante de estudar essa tendência de se apegar a convicções anteriores surge periodicamente. Acontece quando uma pessoa ou um grupo faz uma previsão firme de que um evento cataclísmico ocorrerá em uma data específica. Com base no estudo detalhado da profecia bíblica, um fazendeiro homônimo de Vermont, William Miller, previu, em 1818, que o fim do mundo ocorreria em 1843, apenas 25 anos depois. Ele começou a pregar e acumulou uma miríade de seguidores, conhecidos como adventistas ou mileritas. Quando 1844 amanheceu, ele concluiu que Deus estava dando às pessoas mais tempo para se arrependerem e mudou a data para 21 de março e, depois, para 22 de outubro de 1844, com base em cálculos revisados, os quais obviamente passaram sem eventos. O movimento milerita, no entanto, seguiu e deu origem à Igreja Adventista do Sétimo Dia, que agora reivindica 20 milhões de membros em todo o mundo.

Uma oportunidade mais recente surgiu quando os psicólogos souberam de uma dona de casa de Chicago que estava prevendo que, dentro de alguns meses, terremotos cataclísmicos fariam com que os Grandes Lagos inundassem a América do Norte desde o Círculo Polar Ártico até o Golfo do México na madrugada de 21 de dezembro de 1954.[4] Um pequeno grupo de seguidores acreditava que seria resgatado por discos voadores à meia-noite daquele dia e levado embora antes do grande dilúvio. Quando passou a meia-noite e nenhum extraterrestre apareceu, eles abandonaram suas crenças? Não. Eles concluíram que sua fidelidade havia inspirado um milagre e salvado a Terra.

PERSUASÃO

Outra dinâmica social em relação à ambivalência é a *persuasão* — solicitar, convidar, encorajar ou mesmo exigir mudanças. A dinâmica do poder de persuasão será examinada na próxima seção, sobre autoridade. Por ora, vamos supor que as duas partes — uma tentando persuadir a outra — tenham poder ou *status* semelhante, e que aquela que está sendo persuadida seja livre para mudar ou não.

Nossa cultura de informação instantânea oferece um fluxo constante de comunicações que pode criar ou resolver a ambivalência. A publicidade no varejo geralmente é uma tentativa de persuadir as pessoas a gastar recursos em produtos específicos. As campanhas políticas buscam criar impressões positivas sobre um candidato e fomentar uma avaliação negativa ou, pelo menos, ambivalência em relação ao adversário.

Pessoas experimentando ambivalência (p. ex., os "indecisos" antes de uma eleição) são geralmente mais persuasíveis do que aquelas que já têm atitudes fortes.[5] Para uma pessoa ambivalente, a persuasão envolve diminuir a ambivalência ao inclinar a balança decisória: adicionar mais peso a um lado da balança e/ou remover peso do lado oposto. Então, o que se deve fazer quando alguém está ambivalente é tentar persuadi-lo, certo?

Não, há um problema oculto aqui. Considere que, por definição, as pessoas que estão ambivalentes têm avaliações positivas e negativas. Elas podem ver os prós e os contras; querem e não querem, ou aprovam e desaprovam ao mesmo tempo. Se você tentar persuadir pessoas ambivalentes apresentando argumentos para um lado de seu dilema (A), a resposta humana normal é "Sim, mas..." — dando voz ao outro lado de sua própria ambivalência (B). Agora, lembre-se, as pessoas estavam indecisas, pesando os dois lados. Suponha que você persista em defender A, evocando vários contra-argumentos para B. Você faz o possível para superar quaisquer objeções, mas elas continuam se opondo. Elas ouvem você apresentar um argumento e se ouvem defendendo o contrário. Em quem são mais propensas a acreditar? Blaise Pascal observou que "As pessoas geralmente são mais bem persuadidas pelas razões que elas mesmas descobriram do que por aquelas que surgiram na mente dos outros".[6] Você pode literalmente *se convencer* a aceitar ou rejeitar a mudança.[7]

Pode-se também tentar *criar* a ambivalência. Uma estratégia comum ao anunciar produtos é ajustar a ansiedade humana sobre a inadequação — não ser bom o suficiente — e então oferecer uma solução imediata para a autoinsatisfação ambivalente resultante. Se a balança já estiver inclinada para o lado oposto (não ambivalente), o objetivo da persuasão é inverter a direção, removendo pesos daquele lado da balança e acrescentando massa ao outro lado, criando dúvidas.

Em um relacionamento, a ambivalência realmente experimentada por ambas as pessoas pode ser inadvertidamente dividida entre elas, com um parceiro defendendo cada lado. Devemos nos mudar para outra cidade ou ficar aqui? Ambos os parceiros veem os prós e os contras de ambas as escolhas. Enquanto um deles expressa motivos para se mudar, o outro, naturalmente, levanta motivos para ficar. Se esse padrão persistir, cada um pode ficar cada vez mais comprometido com a posição que está defendendo. Há até algo vagamente atraente nessa dança, pois podem ver sua própria ambivalência interna sendo representada, tendo apenas que assumir a responsabilidade por um lado. Se um parceiro começa a ceder, eles podem de fato mudar de lado. No entanto, transformar a ambivalência interna em conflito interpessoal não é necessariamente bom para o relacionamento.

AUTORIDADE

Por fim, há a dinâmica social da autoridade. Hierarquias claras de dominância são encontradas na maioria dos mamíferos, juntamente com rotinas não letais, para estabelecer supremacia e resolver conflitos de poder. A autoridade costuma ser fonte de ambivalência para aqueles que vivem sob ela. Poucas pessoas, se é que alguma, gostam de ouvir o que fazer. Há situações em que hierarquias claras são livremente aceitas, como no alistamento militar ou em um voto religioso de obediência, mas mesmo aí a autoridade pode ser ressentida.

Nas interações humanas, o domínio é frequentemente expresso e afirmado na linguagem. Pode ser tão simples quanto um tom de voz que comunica ascendência. Em um estudo, os médicos que trabalhavam em um departamento de emergência encaminharam pessoas que sofriam de alcoolismo para receber tratamento. No final de um ano, eles foram convidados para uma entrevista, a fim de descrever sua "experiência em lidar com alcoólatras".[8] As gravações de áudio foram filtradas para que as palavras não pudessem ser compreendidas, mas o tom de voz era claro, como se se estivesse ouvindo através de uma porta fechada. O grau de raiva avaliado na voz do médico previu fortemente se seus pacientes seguiram com o encaminhamento: quanto mais raiva, menos pacientes foram ao tratamento. Em contraste, há muito se estabeleceu que os pacientes com transtornos por uso de substâncias respondem positivamente, durante as consultas médicas, a uma conversa empática sobre seu consumo de álcool e têm probabilidade substancialmente maior de retornar ao tratamento.[9] Em outro estudo, o tom de voz dos cirurgiões foi avaliado durante o primeiro e o último minuto das consultas de rotina.[10] Com base apenas no tom de voz, aqueles que foram processados por imperícia foram classificados como significativamente mais dominadores e menos preocupados ao falar com seus pacientes.

Uma dinâmica de dominância bem-estabelecida é a *reatância* psicológica — em que a resposta humana normal ao conselho indesejado é não obedecer ou fazer o contrário, *mesmo que você concorde com o conselho*.[11] Por que receber conselhos não solicitados levaria alguém a ignorá-los ou até mesmo a fazer o oposto? O que está acontecendo aqui? A dinâmica de poder está em jogo em muitas interações humanas, embora, muitas vezes, abaixo de um nível consciente. Ao longo de milhares de anos de evolução social, as pessoas desenvolveram manobras sofisticadas, principalmente na linguagem, para estabelecer quem manda ou domina.[12] Alguém que lhe dá conselhos, críticas ou mesmo aprovação está implicitamente assumindo posição superior, e sentir-se inferiorizado tende a ser uma experiência desagradável. A persuasão e o conselho são frequentemente tentativas de *convencer* (da raiz latina *vincere* — derrotar, conquistar ou superar). Quando alguém lhe dá conselhos sobre seu próprio comportamento, a menos que (e mesmo se) essa pessoa tenha autoridade sobre você, é *você* quem realmente tem o poder, porque escolhe se seguirá ou não o conselho. Você pode afirmar sua própria liberdade e autonomia simplesmente não obedecendo ou — mais passivamente — fazendo-o apenas parcial, lenta e relutantemente. Dizer às pessoas que elas não podem fazer algo não é apenas impreciso, mas convida ao proibido.

Você se lembra dos estudos de Milton Rokeach sobre os valores humanos, descritos no início do Capítulo 4? O comportamento em longo prazo dos participantes foi aparentemente influenciado de forma significativa por uma autoconfrontação com a inconsistência em seus próprios valores. Suspeito que os efeitos teriam sido menores, ou mesmo opostos, se, em vez de *auto*confrontação, eles tivessem sido confrontados por alguém assumindo papel dominante e humilhante. "Como você pode dizer que sua própria liberdade é tão importante quando não se importa que os outros tenham igual liberdade? É justo? Você não se sente envergonhado? Que egocentrismo!"

Até mesmo a vergonha pode ter uma forma de sair pela culatra. O Mothers Against Drunk Driving (MADD) há muito patrocina os chamados Victim Impact Panels (VIPs), nos quais os infratores condenados por dirigir embriagados são obrigados a assistir a uma apresentação de pessoas cujas vidas foram devastadas por um motorista embriagado. A experiência pode ser compreensivelmente terapêutica para as próprias vítimas, que esperam persuadir os contraventores a não repetirem o comportamento. Mas como isso realmente funcionaria com os infratores? O método padrão ouro para avaliar a eficácia é um ensaio clínico no qual as pessoas são designadas aleatoriamente para receber ou não uma intervenção. Um desses experimentos foi conduzido com 813 pessoas, todas frequentando uma escola de educação para infratores condenados por dirigir embriagados. Essas pessoas também foram designadas aleatoriamente para participar ou não de um painel do MADD.[13] Esses painéis tendem a ser uma experiência altamente emocional, e, nas entrevistas ao final deles, os infratores relataram sentir-se envergonhados, constrangidos e convencidos a não beber e dirigir novamente. Funcionou? Em análises subsequentes,[14] comparecer a um desse painéis não diminuiu as prisões por dirigir embriagado de réus primários. Aqueles com mais de um delito de dirigir embriagado anterior, no entanto, eram significativamente *mais* propensos a repetir o delito dentro de dois anos se tivessem comparecido a um desses painéis. Essa intervenção também não teve efeito significativo em uma medida de ambivalência e intenção de mudança. Não está claro por que apenas os infratores reincidentes seriam mais propensos a reincidir depois de participar de um desses painéis. De qualquer forma, a intervenção claramente não teve o efeito desejado.

Até aqui, consideramos as fontes de ambivalência das quais você geralmente tem consciência — suas próprias experiências internas e suas interações com outras pessoas importantes. No Capítulo 6, abordaremos algumas fontes de ambivalência que podem estar além da consciência.

6

Das profundezas

Eu não via os rapazes há sete anos. Agora, de volta à cidade, em licença, perguntei aos caras que ainda estavam por perto se poderíamos reunir novamente o grupo de apoio que havia sido tão importante para mim durante meu estágio. Nos encontrávamos regularmente apenas para conversar sobre nossas vidas, e agora tínhamos muito o que colocar em dia.

Acima de tudo, havia em minha mente um dilema em curso. Por sete anos, minha esposa e eu discutimos se teríamos filhos. O relógio biológico estava correndo, e, se algum dia teríamos uma família, era hora de nos decidirmos. Quando chegou a minha vez, contei aos rapazes como essa luta foi difícil para mim e para nós dois.

"Você *ainda* está lidando com esse problema?", um amigo perguntou. "O que há em ter filhos que te assusta?"

"Acho que não é realmente uma coisa de que eu não goste", respondi. "É que não sinto nenhuma atração positiva por ter filhos. Eu realmente não gosto muito de crianças. Eu simplesmente não tenho esses sentimentos."

"Besteira!" Era o homem sentado ao meu lado, em cuja casa nos encontrávamos. Ele era um sujeito bastante gentil e de fala mansa, e sua resposta me assustou. "Qual foi a primeira coisa que você fez quando veio aqui esta noite?"

Eu pensei sobre isso. Eles tinham dois filhos adoráveis que eu havia conhecido em visitas anteriores. Eles estavam indo para a cama e eu fui dar-lhes boa noite, contar uma história e aconchegá-los. "Por que você fez isso?", ele perguntou. "Sempre que vejo você em uma reunião com adultos e crianças, você está lá no chão com as crianças!"

Lágrimas vieram. Aparentemente, eu havia criado uma história de disfarce de que não gostava de crianças, enquanto minhas ações diziam algo bem diferente. "Mas", eu insisti, "ainda não quero ter o meu próprio filho. Eu me pergunto por quê".

Aqui eu preciso explicar algumas coisas sobre minha própria infância. Não tenho queixas sobre ela. Éramos pobres, mas nunca pensei muito sobre isso. Havia tanto amor. Minha mãe era uma mulher incrivelmente calorosa, e eu adorava meu avô "Pappy", em cuja casa morávamos. Lembro-me de um jogo que jogávamos quando eu era pequeno. Eu ficava em uma ponta do corredor, meus pais ficavam do outro lado se abraçando, e eu corria pelo corredor e me colocava entre eles, todo quentinho e aconchegado. Minha irmã nasceu quando eu tinha 5 anos, e éramos próximos. Ela acabou sendo diagnosticada com diabetes infantil, cujas complicações acabariam repentinamente com sua vida aos 8 anos, em um domingo de Páscoa. Levei muito tempo lamentando sua perda, e a dor ainda persiste. Trabalhei isso na terapia e tinha quase certeza de que perdê-la não explicava minha falta de interesse em ter filhos.

Não falei muito até agora sobre meu pai. Minha lembrança dele era como um homem triste, deprimido, solitário, retraído e distante. Não havia dúvida de que ele nos amava. Ele trabalhava como operário na ferrovia para nos sustentar, e era um trabalho duro, frio e brutal. Quando voltava para casa, à noite, ele estava exausto. Simplesmente não estava de fato presente — cansado, melancólico, amargo. Era como se os invernos tivessem congelado seu espírito.

Certa noite, minha esposa e eu estávamos sentados no sofá, mais uma vez conversando sobre filhos. Acho que estava dizendo algo novamente sobre não sentir nenhum desejo por filhos e ouvindo o desejo dela. De repente, fui inundado de lembranças. Surgiu do nada, em um instante, assim mesmo. Não era como assistir a um filme em desenvolvimento. Foi mais como um *download* repentino de arquivos de computador; aconteceu muito rápido. O que recebi foram lembranças vívidas de como meu pai era antes da morte de minha irmã. Ele era brincalhão, engraçado, enérgico. Ele brincava no chão com a gente. Nós lutávamos e ele nos contava histórias. Antes que pudéssemos comprar uma televisão, ele tinha um velho rádio de ondas curtas que captava coisas incríveis de todo o mundo, e nós nos aconchegávamos e ouvíamos juntos. Eu não conseguia falar. Eu estava soluçando e ofegante. Devem ter se passado uns dez minutos até que eu pudesse dizer qualquer coisa.

Eu tentava dizer uma palavra e começava a chorar de novo.

Minha esposa me abraçou e esperou até que eu pudesse explicar.

Naquele momento, eu sabia o que tinha acontecido. Quando perdi minha irmã, também perdi meu pai. Isso o matou também. Ele viveu por mais 15 anos, mas a perda o devastou emocionalmente, e ele ficou clinicamente deprimido pelo resto de sua vida. O que eu estava lembrando antes disso era apenas como ele ficou depois da morte dela, quando eu era adolescente. O que voltou para mim em uma inundação foram todas as minhas lembranças amorosas dele antes daquele dia terrível em que a vida mudou. Como me compadeço por aquele homem agora, passando por todos aqueles anos de dor profundamente enterrada! E eu reconheci o que tinha acontecido. Em algum lugar lá no fundo, eu havia decidido que não queria fazer parte de nada que pudesse causar isso a um homem. Isso me aterrorizava. Tanto perder minha irmã quanto ver como isso destruiu meu pai e o separou de nós e da vida.

Parte de mim curou-se naquele momento. Eu entendi.

Como adulto, pude separar a dor de meu pai de mim. É incrível como a mente pode bloquear memórias e sentimentos até que estejamos prontos para processá-los. Eu conseguia brincar com as crianças no chão, como meus pais faziam, e ainda negar os sentimentos. Depois disso, não temi mais ser destruído pelo amor que sentia pelas crianças. A barragem rompeu-se, as lágrimas rolaram, e partes da minha alma que estavam isoladas foram reunidas.

Adotamos e criamos três filhos, e agora temos netos e bisnetos para quem sou o "Pappy". É impressionante quanta dor e ansiedade você pode sentir como pai, mas a dor é o outro lado do amor. Eles vêm juntos, como um pacote. Sentimos dor quando nos importamos, porque nos importamos. É assim que somos feitos.[1]

■■■

O *insight* de Sigmund Freud no século XIX, de que podemos ser motivados por forças que desconhecemos parcial ou totalmente, é agora amplamente aceito. Claro, nem sempre sabemos por que fazemos o que fazemos. Quando não temos esse conhecimento, naturalmente inventamos uma história para explicar nossas ações a nós mesmos e aos outros. Malcolm Gladwell observou que "embora as pessoas sejam muito dispostas e muito boas em fornecer informações voluntárias explicando suas ações, essas explicações, particularmente quando se trata de opiniões e decisões espontâneas que surgem do inconsciente, não são necessariamente corretas".[2]

Às vezes — com mais frequência do que gostaríamos de admitir —, o que dizemos e fazemos é influenciado pelos ambientes físico e social imediatos.[3] Esse foi o humor genial em *Candid Camera* e programas de TV semelhantes que colocam as pessoas inconscientemente em situações nas quais o público pode reconhecer a influência, enquanto a pessoa, não. Explicamos o que fazemos em termos mais aceitáveis para a autoestima. Nosso autoengano também pode ser uma fonte de humor. Em *Huckleberry Finn*, de Mark Twain, Huck conta a história de uma multidão ameaçadora que se aproxima da casa de Sherburn. Quando eles entram no quintal, o Sr. Sherburn sai para o telhado da varanda da frente carregando uma espingarda de cano duplo e os adverte. A multidão se dispersa, e Huck diz: "Eu poderia ter ficado se quisesse, mas não quis".

Outras vezes, a influência não percebida não está fora, mas bem dentro de nós. Todos nós abrigamos atitudes e preconceitos dos quais temos, na melhor das hipóteses, apenas uma vaga consciência. Mais do que por aquilo que sabemos, nossas decisões e nossos comportamentos são influenciados por fatores que desconhecemos. O termo *implícito* foi aplicado em tais motivações que estão abaixo da consciência. A pesquisa sobre preconceito implícito, por exemplo, mostra vieses mensuráveis em associações e tomadas de decisão que não correspondem à autopercepção.[4] Um viés pode ser aparente no comportamento, mas, no autoexame, a pessoa o nega. Esse foi certamente o caso do meu próprio prazer com as crianças enquanto o rejeito, um tipo de ambivalência ioiô largada-parada.

A *negação* pode ter diferentes significados. As pessoas podem estar totalmente inconscientes da motivação que está conduzindo seu comportamento. No autoexame consciente, elas simplesmente não conseguem percebê-la. Freud descreveu isso como um mecanismo de defesa, para impedir que informações ameaçadoras cheguem à consciência. Uma motivação pode ser parcialmente consciente, mas, quando pressionada, a pessoa a rejeita. Então, é claro, as pessoas também podem estar bastante cientes de seus motivos, mas negá-los publicamente. Chama-se *mentira*.

Para os propósitos aqui, a importância das atitudes implícitas é de que é possível ser ambivalente sem perceber.[5] Por exemplo, você pode estar consciente de suas percepções negativas, mas não de suas percepções positivas de uma pessoa ou uma questão. Da mesma forma, é possível estar ciente das atitudes positivas e das negativas que você mantém, mas descartar um lado como não sendo suas crenças reais ou verdadeiras. Antes da minha enxurrada de lembranças, eu não *me sentia* ambivalente quanto a ter filhos, mas era.

AMBIVALÊNCIA VERTICAL

Até agora, neste livro, consideramos o que poderia ser chamado de ambivalência *horizontal*, um conflito entre duas motivações conflitantes e conscientemente experimentadas. Existe o problema da loja de doces: eu quero A, mas também quero B, e não posso ter os dois. Existe o dilema diabo/mar do que parece uma armadilha: eu tenho que escolher entre X e Y, e ambos parecem ruins. E há o tipo ioiô: eu realmente quero Z e, ao mesmo tempo, realmente não o quero.

Uma experiência semelhante, mas marcadamente diferente, é a ambivalência *vertical*, na qual apenas um polo motivacional é consciente, mas entra em conflito com um motivo inconsciente igualmente ou mais poderoso.[6] Essas podem ser experiências especialmente intrigantes: por que estou fazendo isso? Em um nível consciente, você pode não estar ciente de se sentir ambivalente. No entanto, a atitude inconsciente, ou implícita, transparece no comportamento. Pistas não verbais podem vazar informações sobre a parte menos aceitável da ambivalência.[7] Bons vendedores podem desenvolver habilidade aguçada para perceber essas pistas. "Basta saber quando fechar", disse-me um envolvente formador de vendedores em um voo transcontinental. "Se tentar fechar o negócio antes que o cliente esteja pronto, você perde a venda. Se você continuar vendendo depois que o cliente já decidiu comprar, também pode perder a venda."

Como Freud observou, o inconsciente pode surgir em deslizes da língua. Planejando uma viagem de palestras, liguei para alguns velhos e queridos amigos para perguntar se poderia ficar com eles por três noites. Eu os conheci quando eles tinham quase 60 anos, e agora estavam na casa dos 80. Assim que cheguei, pude perceber que minha estada foi estressante e inconveniente para eles, uma ruptura em uma rotina diária bem-estabelecida. Mesmo assim, com muito esforço, arrumaram o quarto de hóspedes e prepararam uma bela refeição para mim na primeira noite. A conversa, que fluiu facilmente uma década antes, agora parecia tensa. Minhas ofertas para ajudar de várias maneiras foram educadamente recusadas. Eu queria passar um tempo com eles, mas também atender ao meu trabalho e a outros amigos da cidade. Havia tensão no ar, mas não dissemos nada sobre isso. Na última manhã, arrastei minha mala até a porta, um pouco cansado e aliviado, mas também grato pela hospitalidade. Atravessei a porta, me virei, me despedi, apertei a mão de meu amigo e, olhando-o diretamente nos olhos, disse: "Muito obrigado por sua hostilidade".

Em uma interação social, é possível que *ambas* as pessoas não saibam o que está impulsionando seu comportamento. Um bom exemplo é o fenômeno motivacional bem-estabelecido da *reatância* psicológica, descrito no

Capítulo 5. Exceto em um nível de sentimento maçante, alguém que recebe conselhos não solicitados (p. ex., quando um dentista o aconselha a escovar os dentes e a usar fio dental regularmente) pode não estar consciente da dinâmica de poder em ação. Da mesma forma, a pessoa que dá conselhos provavelmente não sabe que o resultado normal é o oposto do que ela pretende e, portanto, segue em frente com persuasão.[8]

A ambivalência vertical é especialmente suscetível a provocar reações extremas. As pessoas podem "protestar demais", com reação exageradamente polarizada.[9] Fugindo do motivo implícito, elas se comportam de maneira hiperoposta. Isso também pode acontecer quando um polo da ambivalência é público e o oposto é uma identidade consciente, mas privada, como ilustrado por legisladores fervorosamente *antigays* que se revelam *gays*.

A ambivalência vertical também pode produzir padrões de comportamento que são surpreendentemente persistentes, com resultados infelizes. "Por que isso continua acontecendo? Por que eu sempre faço isso?" Eu encontrei isso em minha própria prática clínica com pessoas que vinham falar sobre repetidos relacionamentos amorosos desastrosos, como se continuassem repetindo o mesmo roteiro trágico. Aqui estão dois exemplos.

> Caio era bonito, com modos afáveis sobrepostos à tristeza. Ele veio me ver porque estava pensando em se casar pela sexta vez. Talvez, pensou ele, seja bom falar primeiro com alguém. Um padrão surgiu: ele se apaixonava perdidamente por uma mulher mais jovem que o adorava como sábio, interessante, bonito e misterioso. Na verdade, ele teve uma fascinante variedade de experiências de vida. Eles tinham uma fase de lua de mel apaixonante, estando sempre juntos. Depois de um tempo, a magia começava a desaparecer para ele, mas ela desejava continuar passando cada momento possível na companhia dele. À medida que ele se afastava para se distanciar, ela ficava ansiosa e mais exigente — um padrão de relacionamento de exigência-retraimento que se manifesta em todas as culturas.[10] Conflito e separação se seguiam, e, então, ele conheceria alguém novo que o adoraria. "Mas eu a amo e ela me ama!"
>
> Enquanto Caio veio voluntariamente, Júlia teve algum incentivo legal. Ela estava angustiada e deprimida após seu recente rom-

pimento com o homem com quem vivia. Quando ele disse a ela que estava indo embora, Júlia começou a jogar louças nele, incluindo pratos e uma cafeteira. Em desespero depois que ele saiu, ela pegou um caco de vidro e cortou o braço várias vezes. O síndico chamou a polícia; dois policiais apareceram em sua porta e a levaram para uma emergência hospitalar. Com o tempo, ela me descreveu três relacionamentos românticos com histórias quase idênticas. Ela se apaixonou por homens que não eram abertamente afetuosos, mas que, no fundo, ela sabia, eram ursinhos de pelúcia calorosos. Eles se conheciam, tornavam-se sexualmente íntimos e um ia morar com o outro. Ela desejava alcançar o homem amoroso que estava oculto, mas quando começava a buscar mais afeto, ele recuava. Isso a deixava mais desesperada e exigente, e ele se afastava mais, até que finalmente o relacionamento terminava com uma briga calamitosa. Depois de várias sessões, pedi a ela, por intuição, que me contasse sobre seu pai.

"Lembro que ele sumia muito. Ele viajava, mas sempre que estava na cidade, geralmente estava por perto à noite. Minhas irmãs e eu sempre ficávamos felizes em vê-lo, e às vezes ele gostava de nos contar histórias. Ele não era muito afetuoso — fisicamente, quero dizer. Ele não nos abraçava ou beijava muito. Sempre soubemos que lá no fundo ele nos amava. Ele simplesmente não era o tipo de homem que demonstrava isso. É como se ele estivesse com um pouco de medo de nós, talvez com medo de chegar muito perto. Ele nem era muito carinhoso com nossa mãe, pelo menos não até onde podíamos ver.

De repente, Júlia ficou em silêncio. Foi um daqueles momentos com que os terapeutas sonham. De repente, ela percebeu que estava tentando reescrever a história de seu pai, para ter um passado diferente. Dessa vez, ela finalmente faria com que ele a amasse.[11]

Eu vi várias dessas pessoas infelizes ao longo da minha prática. Elas eram passionais, românticas e quimicamente atraídas exatamente pelo tipo errado de pessoa para elas. Às vezes, como no caso de Júlia, um motivo claro estava na infância; às vezes, era indescritível. Por alguma razão, elas continuavam se apaixonando pelo mesmo tipo de parceiro, com resultados assustadoramente previsíveis. Mesmo uma visão da razão histórica não desfazia seu instinto de mariposa. Meu conselho, às vezes aceito, era tentar namorar pessoas por quem não se sentissem atraídos romanticamente. Elas perdiam a emoção do encantamento, mas percebiam que a luz no fim do túnel romântico era um problema.

Até agora, consideramos a natureza da ambivalência humana, seus sabores e sua linguagem, suas fontes e suas influências. Mas o que a ambivalência faz com as pessoas? Que efeitos ela tem? A história começa no Capítulo 7.

7

Consequências da ambivalência

Estando angustiado, ele orou ainda mais intensamente;
e o seu suor era como gotas de sangue que caíam no chão.
— Lucas 22:44, *Nova Versão Internacional*

"Suar sangue" é uma expressão coloquial usada para descrever angústia extrema, muitas vezes, em um esforço para concluir ou resolver algo. A alusão é ao versículo do relato bíblico sobre Jesus no jardim do Getsêmani, quando está dividido entre aceitar a vontade de Deus e temer uma morte tortuosa. Existe uma condição médica rara conhecida como hematidrose,[1] em que, sob estresse emocional extremo, os capilares sob a pele se rompem e sangram nas glândulas sudoríparas. O sangue infunde suor e até lágrimas. É uma representação dramática da angústia potencial da ambivalência.

No entanto, a ambivalência não é necessariamente árdua ou estressante. Inicialmente, nomeei este capítulo de "Os *efeitos* da ambivalência", mas *consequências* parece mais apropriado: aquelas *que decorrem da* ambivência. Acontece que os resultados da ambivalência podem ser (que apropriado!) tanto positivos quanto negativos. Alguns, como as reações emocionais, são efêmeros. As escolhas que você faz em meio à ambivalência podem ter resultados mais duradouros.

REAÇÕES EMOCIONAIS

As primeiras emoções que você pode associar à ambivalência são de tom negativo: frustração, ansiedade e sentimento de dilaceração.[2] A exposição prolongada à ambivalência de largada-parada, em particular, pode produzir depressão, sintomas físicos e insatisfação com a vida. Sua distância no tempo da necessidade de decidir também é importante. Quando a necessidade de escolher está distante no futuro, a ambivalência costuma ser menos preocupante. A intensidade do sofrimento pode aumentar substancialmente à medida que se aproxima o momento de escolher, comprometer-se ou assumir uma posição.

Nos tipos largada-parada (ioiô e pêndulo), a ambivalência pode ser definida "objetivamente", comparando a força relativa das motivações positivas e negativas de uma pessoa. Por exemplo, um fumante pode classificar em escalas de dez pontos:

"Considerando apenas as coisas *positivas* sobre fumar, quão positivas elas são?"

"Considerando apenas as coisas *negativas* sobre fumar, quão negativas elas são?"

A força relativa de aspectos positivos e negativos é uma medida numérica da ambivalência. Com a ambivalência largada-largada da loja de doces, seria a força relativa das opções positivas e, com a ambivalência parada-parada da armadilha, seria a classificação relativa das opções negativas. Se um deles supera em muito o outro, a pessoa não fica tão dilacerada quanto quando os dois lados são aproximadamente iguais em força. No entanto, o tamanho objetivo da ambivalência é apenas fracamente relacionado com a quantidade de sofrimento subjetivo.[3] Em outras palavras, de maneira objetiva, você pode ter opiniões bastante confusas sobre algo e, ainda assim, não se sentir muito incomodado. A ambivalência em si não é automaticamente perturbadora.

Isso não é exclusivo da ambivalência. Descobertas semelhantes surgiram em relação à ansiedade. Já se presumiu que ansiedade é ansiedade, não importa como você a meça. Existem medidas fisiológicas de excitação, como frequência cardíaca e condutância da pele. Existem medidas comportamentais (quão ansioso você parece e demonstra para os outros) e medidas subjetivas — sua própria avaliação de quão ansioso você se sente. Acontece que conhecer qualquer uma dessas medidas diz pouco sobre as outras duas. As pessoas podem relatar que se sentem muito ansiosas enquanto parecem bastante calmas. Isso era comum entre meus alunos de pós-graduação, quando davam palestravam publicamente pela primeira vez em uma conferência. Eles geralmente pareciam preparados e confiantes, mas, depois, me contavam como estavam apavorados. Também é possível ficar fisicamente agitado e não sentir ansiedade. Quando eu era um professor novo prestes a entrar em uma sala de aula, sentia meu coração bater forte e, se me concentrasse nisso, era mais difícil dar uma boa aula. Existe, de fato, um medo do próprio medo (ou pelo menos agitação). Em vez disso, disse a mim mesmo que estava "empolgado" ou "entusiasmado" com ensinar e, depois, me concentrei em meus alunos. A fisiologia de estar ansioso e estar empolgado é essencialmente a mesma. O que você experimenta fisicamente é diferente do que você pensa ou sente e de como você interpreta ou rotula.

Alguns exemplos clássicos disso são encontrados nas primeiras pesquisas de Stanley Schachter e Jerome Singer,[4] estudos que agora seriam difíceis de serem aprovados por comitês de ética em pesquisa humana. Em uma série de experimentos complicados, estudantes universitários foram injetados com um "suplemento vitamínico" que, na verdade, era um placebo ou uma dose de adrenalina (epinefrina), que estimula o sistema nervoso em preparação para "lutar ou fugir". A frequência cardíaca e a pressão arterial aumentam; você respira mais rápido, começa a suar e se sente trêmulo. É a mesma coisa que acontece quando, de repente, você se encontra em uma situação de perigo e precisa reagir rapidamente. Indústrias inteiras de entretenimento são construídas para dar às pessoas essa descarga de adrenalina. Nesses experimentos, no entanto, os participantes não tinham nenhuma explicação óbvia para o motivo de se sentirem assim. Os pesquisadores então criaram situações sociais para sugerir uma possível explicação. O participante esperou em uma sala por vinte minutos com outro aluno, que, supostamente, também estava participando do estudo, mas, na verdade, era um cúmplice trabalhando com os pesquisadores. O cúmplice comportava-se de maneira boba e eufórica ou com raiva e indignação.

A questão era sobre se os alunos interpretariam sua própria excitação física à luz do que o cúmplice estava fazendo. Em comparação com aqueles que receberam o placebo, os participantes que receberam adrenalina sem saber relataram sentir qualquer emoção (felicidade ou raiva) que o cúmplice estivesse expressando. O que aconteceria, porém, se alguns participantes fossem informados de que o suplemento vitamínico que receberam poderia ter alguns "efeitos colaterais" como os já descritos? Aqueles que foram informados com antecedência sobre possíveis efeitos colaterais já tinham uma explicação plausível para sua excitação e foram menos afetados pelo comportamento de seu companheiro. Resumindo: as emoções que você experimenta são influenciadas por como interpreta o que está acontecendo dentro de si e ao seu redor.

Como isso é relevante para a ambivalência? A quantidade da sua ambivalência objetiva, o equilíbrio real dos prós e dos contras, não determina o quão desconfortável você se sente. O grau de angústia que você experimenta está relacionado, em parte, com a forma como pensa e o que faz a respeito. A ambivalência pode ser, mas não é inerentemente, perturbadora. Escolher em um cardápio de opções pode ser prazeroso ou estressante. Vários tipos de ambivalência têm sido associados a sofrimento emocional (ansiedade, depressão, tensão e vergonha), sintomas físicos e problemas de saúde, dificuldades de relacionamento e diminuição da qualidade de vida e da satisfação.[5] O fato de as consequências serem positivas ou negativas é influenciado, em parte, por como você escolhe responder à ambivalência.

FLEXIBILIDADE

Uma característica bastante clara da ambivalência é que as pessoas que veem os prós e os contras em um tópico geralmente são mais abertas a considerar novas informações.[6] Em contraste, aquelas que já se decidiram, que defendem ou se opõem a um tópico tendem a descartar novas informações que sejam inconsistentes com seus pontos de vista atuais. Nesse contexto, a ambivalência pode ser semelhante a manter a mente aberta. Aqueles que têm duas opiniões sobre algo gastam mais tempo processando, considerando cuidadosamente as informações disponíveis, o que pode, por fim, levar a intenção e motivação mais claras para a ação.[7]

Da mesma forma, conforme observado no Capítulo 5, as pessoas que são ambivalentes podem ser mais fáceis de persuadir do que aquelas que já se decidiram.[8] Lembre-se do Capítulo 5, como as palavras usadas para descrever a mesma característica podem ter tom positivo ou negativo? Em alguns contextos, essa abertura à persuasão pode ser rotulada como fraqueza ou indecisão, mas também pode ser entendida como flexibilidade e adaptabilidade, uma vontade de mudar de ideia à luz de novas informações.

HORA DA DECISÃO

Outra consequência da ambivalência está relacionada à flexibilidade: reservar tempo para considerar novas informações e opções. Pessoas ambivalentes demoram mais para decidir e são menos propensas a agir impulsivamente. Quando você está ambivalente, as atitudes preexistentes têm menos probabilidade de determinar suas ações.[9] Você gasta mais tempo pensando e, portanto, as decisões e as ações tendem a ser adiadas. Uma ambivalência mais forte pode produzir uma espécie de paralisia de indecisão sobre o que fazer. A ambivalência pode levar as pessoas a adiar importantes exames médicos, tratamentos e outras medidas de proteção à saúde.[10] Um colega estudante de pós-graduação escolheu a ambivalência como tema de sua dissertação. Ele nunca terminou.

Os líderes variam em sua inclinação para deliberar (literalmente: considerar ou pesar cuidadosamente). Você preferiria ter um líder obstinado ou ambivalente? Pense nisso, lembrando que a ambivalência pode significar flexibilidade, reservar tempo para ouvir e considerar as opções. De certa forma, essa é uma falsa dicotomia e depende da situação. Algumas funções exigem uma tomada de decisão rápida. Policiais, controladores de tráfego aéreo e cirurgiões podem ser exigidos a fazer escolhas em frações de segundos, e a hesitação pode ter consequências trágicas. O treinamento pode preparar soldados e socorristas para reagir automaticamente. Vidas podem ser salvas ou perdidas se você parar um momento para considerar as opções. A sabedoria na liderança inclui discernimento sobre por quanto tempo e quão amplamente deliberar antes de agir.

HESITAÇÃO

A ambivalência não resolvida pode resultar na hesitação entre duas opções mutuamente excludentes. Esse padrão foi chamado de *biestabilidade*,[11] como um interruptor de luz que tem duas posições fixas nas quais pode permanecer até ser acionado. Imagine um tubo oco fechado em cada extremidade, no qual estão seladas várias bolinhas de gude. O tubo equilibra-se em um ponto de apoio como uma gangorra, de modo que uma das extremidades ou a outra fique apoiada no chão. Se a extremidade inferior for gradualmente levantada para cima, chega um ponto em que as bolinhas rolam para a extremidade oposta, e o tubo volta a parar. Cada posição é estável até que algo faça as bolinhas rolarem.

A biestabilidade é um produto possível do tipo de ambivalência do pêndulo (Cap. 2), em que você está suspenso entre dois polos, cada um dos quais tem aspectos positivos e negativos importantes. Como exemplo de biestabilidade, existe um padrão no desenvolvimento infantil conhecido como *apego inseguro*, que pode persistir na idade adulta, comprometendo a capacidade de estabelecer e manter relacionamentos íntimos.[12] Um padrão que isso pode assumir é o apego ambivalente, um estilo ansioso e apegado ilustrado nas histórias de Caio e Júlia, vistas no Capítulo 6, que pode gerar relacionamentos intermitentes e separações calamitosas. Os relacionamentos podem alternar entre juntos e separados, cada um dos quais contendo um anseio pelo seu oposto. Comportamentos de dependência química ou comportamental, como se envolver em jogos de azar ou comer demais, também podem oscilar entre períodos de "ser bom" e indulgência total.

FALTA DE ENGAJAMENTO

A ambivalência também pode resultar em falta de engajamento: "Estou farto de _____." A chicotada de vaivém e as emoções de atração e repulsa tornam-se cansativas, e o desembaraço é uma alternativa atraente. "Estou farto de me sentir farto" é um refrão familiar em programas de 12 passos, uma rota para a abstinência da insanidade da dependência.[13] Depois de uma série de experiências desanimadoras, alguém pode dizer: "Cansei de relacionamentos... pelo menos por enquanto". A ambivalência pode levar uma pessoa a deixar um emprego, uma igreja ou uma organização.

O apego inseguro pode assumir ou evoluir para um estilo de vida evitativo, que geralmente foge de relacionamentos íntimos. Tive o privilégio de conhecer algumas pessoas que vivem em situação de rua. Para a maioria, é um período temporário desencadeado por uma crise econômica ou familiar e, mesmo assim, os obstáculos para escapar dessa situação são assustadores. Para mim, essas são as pessoas que me lembram que, com algumas circunstâncias diferentes de nascimento, sorte ou acaso, eu poderia estar no lugar delas. Conheci alguns que preferem genuinamente uma vida antissocial, sem as complexidades e as exigências da intimidade. Na década de 1950, eles seriam chamados de vagabundos, pulando em trens de carga, viajando de um lugar para outro e evitando raízes. O famoso monge e escritor Thomas Merton registrou em seu diário que ansiava viver sozinho em uma cabana, como um eremita, separado até mesmo da comunidade de seu monastério silencioso.[14] Algumas pessoas se sentem mais solitárias no meio da multidão.

CRIATIVIDADE

Como será discutido com mais detalhes no Capítulo 9, as respostas à ambivalência geralmente se movem em uma de duas direções: (1) abertura para novas informações e possibilidades, em um esforço para resolver a ambivalência; ou (2) fechamento para novas informações a fim de reduzir emoções.[15] No primeiro caso, a experiência de motivos conflitantes desperta curiosidade para considerar e refletir sobre como lidar com eles.

Pessoas ambivalentes são mais propensas a ver associações incomuns e detectar relacionamentos incomuns, ambos componentes importantes da criatividade.[16] É o humor doido do apanhador dos Yankees, Yogi Berra, que aconselhou: "Nunca responda a uma carta anônima" e "Sempre vá aos funerais de outras pessoas; caso contrário, elas não virão para o seu". Em contraste, uma resposta autoprotetora de desligamento à ambivalência tende a levar a pessoa a fechar-se para novas informações e possibilidades, concentrando-se no que já é conhecido e familiar. Assim, não é a mera experiência de ambivalência que promove a criatividade, mas como você reage a ela.

Já foi dito que os artistas devem sofrer por sua arte. A criatividade pode ser fomentada experimentando uma certa quantidade de adversidade, em vez de ter uma vida feliz e sem dor. Não é que os artistas sofram de anedonia — uma falta generalizada de prazer experimentado. A chave, refletida na grande arte, parece ser uma mistura de alegria e tristeza; em outras palavras, ambivalência.

RESILIÊNCIA

Reações emocionais negativas a eventos estressantes são esperadas. Ansiedade, angústia e depressão podem acompanhar mudanças significativas na vida. Mais surpreendentes e encorajadoras são as descobertas sobre a resiliência psicológica: uma capacidade de lidar bem com os eventos adversos da vida, continuar a desfrutar da saúde, da conexão com os outros e do significado da vida. O crescimento pós-traumático positivo está bem documentado e está recebendo maior atenção da pesquisa.[17]

Lembre-se de que uma definição objetiva de ambivalência é a presença simultânea de motivações positivas e negativas. Parece que a resiliência psicológica está realmente ligada a experimentar uma combinação de pensamentos e emoções positivas e negativas ao lidar com eventos estressantes.[18] Em outras palavras, a presença de emoções positivas, além das negativas, parece ajudar as pessoas a se recuperarem da adversidade. Pode não ser a ambivalência *per se* que favorece a resiliência, mas simplesmente a presença de pensamentos e de emoções positivas compensadoras em conjunto com as negativas.[19] A relação com a resiliência também pode ser devida, em parte, a outras características associadas à ambivalência, incluindo flexibilidade, criatividade e desengajamento, ou distanciamento de situações e relacionamentos estressantes.[20]

DECISÕES E MUDANÇAS

Embora seja verdade que a ambivalência pode atrasar a tomada de decisão e a mudança, também pode ser um passo positivo em direção à ação. Conforme discutido no Capítulo 3, o estágio de contemplação caracterizado pela ambivalência é, na verdade, uma etapa normal no caminho para a mudança. Que a ambivalência em si pode desencadear mudanças é ilustrado pela pesquisa de Milton Rokeach, descrita no Capítulo 4. Seus alunos podem não ter visto nenhuma inconsistência em seus valores (pré-contemplação) até que isso foi apontado para eles (contemplação), criando ambivalência e afetando suas ações subsequentes mesmo anos depois.

Algumas das consequências mais importantes da ambivalência não são seus efeitos imediatos em si, mas as escolhas que você faz ao experimentá-la. Essas são decisões de valor entre alternativas concorrentes. Uma única decisão pode ter consequências que mudam a vida. Existem inúmeros exemplos envolventes na ficção. O livro e o filme *A escolha de Sofia* gradualmente revelam uma decisão traumática que Sofia foi forçada a tomar, deixando uma ferida profunda ao longo da vida. No filme *Matrix*, o personagem Neo deve decidir se toma a pílula vermelha (para ver uma verdade desagradável) ou a pílula azul (para permanecer na feliz ignorância). As decisões fora da ficção também podem ter efeitos ao longo da vida: sair de casa, servir às forças armadas ou adotar filhos. Uma revelação pública como delator, como vítima de abuso sexual ou sobre a própria orientação sexual pode ter consequências de longo prazo.

Às vezes, não é uma escolha fundamental, mas uma sequência de bifurcações na estrada onde o caminho escolhido molda quem você é. Um exemplo é como as pessoas decidem usar o poder e os recursos acumulados, decisões que também podem ter efeitos duradouros para melhor ou pior, seja para si mesmas, seja para os demais. Personagens da ficção (bem como da vida real) fazem escolhas sucessivas para compartilhar ou manter o poder, às vezes, sacrificando suas famílias, suas amizades, seus valores e também suas próprias realizações. Personagens inicialmente simpáticos são gradualmente transformados, no estilo irônico da tragédia grega, para abraçar o poder, o *status* ou o dinheiro. Alguns exemplos da ficção são Walter White, em *Breaking bad*, e Michael Corleone, em *O poderoso chefão*. É paralelo ao domínio da dependência: quanto você está disposto a deixar para trás para continuar nessa busca obstinada?

Um exemplo recorrente da vida real que testemunhei são pessoas, geralmente homens, que desenvolveram uma organização ou um método de tratamento bem-sucedido, muitas vezes construindo-o desde o início. À medida que a aposentadoria se aproxima, é hora de preparar a próxima geração para novas criações e a liderança. Em vez disso, eles se apegam ao poder. Uma vez amados e admirados, resistem de maneira amarga a entregar liderança e inovações, até que tragicamente a celebração de sua partida muda de "Muito bem" para "Já vai tarde". Claro, a transformação pode ocorrer em qualquer direção. O filme *A lista de Schindler* conta a história real de um empresário inicialmente egocêntrico que progressivamente assume riscos, usando seu dinheiro e sua influência para libertar judeus na Alemanha nazista. A escolha de vida pode ser redentora.

Em resumo, a ambivalência tem consequências. Pode ter efeitos positivos e negativos, dependendo de como você pensa e responde à experiência. É em momentos de ambivalência que você pode fazer algumas das escolhas mais importantes de sua vida. Existem também algumas diferenças significativas de personalidade em como as pessoas experimentam a ambivalência, acolhendo-a ou evitando-a. Esse é o tópico do Capítulo 8, antes de considerarmos as várias maneiras de responder à ambivalência, no Capítulo 9.

8

Diferenças individuais

> *Nasci condenado a ser um daqueles que tem que ver todos os lados de uma questão. Quando você é amaldiçoado assim, as questões se multiplicam até que no final são apenas perguntas e nenhuma resposta.*
>
> — Larry, em *The iceman cometh*, Ato 1, de Eugene O'Neill

A expressão *dissonância cognitiva* entrou em nosso vocabulário por meio de uma teoria psicológica proposta, em 1957, por Leon Festinger. A natureza humana, pensou ele, obviamente abomina a inconsistência. Por exemplo, se mantivermos uma atitude incompatível com nosso próprio comportamento, um ou outro deve mudar. Seus estudos mostraram, por exemplo, que, quando as pessoas falam publicamente em apoio a uma posição diferente da sua, sua atitude muda em direção ao ponto de vista que defendiam. Ouvir-se falar tende a aumentar seu compromisso com a pessoa ou a causa que você defende; você literalmente se convence disso. Uma exceção a isso é a coerção. Se você se sentir forçado a dizer o que diz, é menos provável que mude seus próprios pontos de vista.

No entanto, a ambivalência e a inconsistência não são necessariamente desagradáveis. Decidir o que pedir em um cardápio de deliciosas opções pode ser bastante prazeroso. Algumas pessoas não se incomodam por serem consistentemente inconsistentes. Algumas vivem confortavelmente com a ambivalência como condição normal, ao menos até que precisem tomar uma decisão. Este capítulo considera as diferenças de personalidade na maneira como as pessoas experimentam e respondem à ambivalência. Pode ser interessante considerar onde você se encontra em cada uma dessas dimensões.

ABERTURA À EXPERIÊNCIA

Algumas décadas atrás, a pesquisa sobre personalidade convergiu para o que é chamado de "cinco grandes" maneiras importantes pelas quais as pessoas diferem.[1]* Uma dessas cinco características é chamada de *abertura à experiência*. Indivíduos com pontuação alta nessa dimensão tendem a ser curiosos, de mente aberta, imaginativos e dispostos a experimentar coisas novas e ter novas experiências. Aqueles com pontuação mais baixa em abertura preferem ter uma rotina definida e não gostam de experimentar coisas novas; eles tendem a ser literais, lógicos, consistentes e avessos à mudança.

O Capítulo 7 explorou a flexibilidade como uma possível consequência da ambivalência. Aqui, temos o contrário. As pessoas que, por natureza, são altamente abertas à experiência se sentiriam muito mais à vontade e até mesmo apreciariam a ambivalência e a ambiguidade. Quando você encontra informações desafiadoras, é mais provável que fique curioso ou esquivo? Se você se sente pessoalmente dividido, está mais inclinado a refletir e tentar resolver ou simplesmente a parar de pensar sobre algo?

---

* N. de R. T. A evitação de danos aqui citada nada tem a ver com o referencial de Redução de Danos, comumente utilizado no tratamento de TUS. A evitação de danos refere-se a evitar os aspectos desagradáveis relacionados a tomada de decisão.

O grau de abertura pode ser mais específico. Você pode ser uma pessoa geralmente de mente aberta, mas, em relação a determinado tópico, mantém atitude forte, persistente e bem estabelecida. Nesse tópico, você seria mais resistente à persuasão e à mudança de opinião. Tenderia a buscar e aceitar apenas informações consistentes com sua atitude.

NECESSIDADE DE DECISÃO

Outra diferença de personalidade tem a ver com a preferência pela decisão.[2] Um polo dessa dimensão foi chamado de *examinador* (não confundir com crítica), e o outro, de *percepção*. As pessoas no extremo do *continuum* relacionado ao exame de opções de decisão sentem-se inquietas quando indecisas, preferindo fazer rapidamente uma escolha e seguir em frente, mesmo que não seja a melhor escolha possível. Aqueles no extremo da percepção ficam mais à vontade com a ambivalência, sentindo menos urgência em resolvê-la, estando mais preocupados em não tomar a decisão errada. Eu mesmo prefiro o estilo do exame. Se quero comprar calças, costumo ir a uma loja, encontrar um par satisfatório do meu tamanho, talvez experimentar, levar para casa e ficar feliz. ("Seu guarda-roupa demonstra isso", um tipo perspicaz pode observar.) Os opostos se atraem, a minha esposa é perspicaz: há cinco décadas prefere considerar muitas possibilidades antes de chegar a uma decisão (que, eu aprendi, é um estilo mais sábio ao escolher uma casa, um veículo ou um parceiro de vida). Ela vai a várias lojas, traz para casa uma variedade de opções e geralmente devolve a maioria ou todas no dia seguinte. Juntos, esses dois estilos pessoais podem se contrabalançar. Um é mais decisivo e tende a escolher muito rápido ou impulsivamente. O outro prefere examinar de maneira cuidadosa todas as alternativas e ainda pode ter dificuldade em por fim decidir. Em um comitê ou um júri que toma decisões importantes, ambas as perspectivas são valiosas.

Ao experimentar a ambivalência, quem tende a examinar as opções (alta necessidade de decidir) costuma se sentir inquieto até que uma escolha seja feita, ficando depois satisfeito em seguir em frente, sem disposição de olhar para trás. Quem tende à percepção, fica feliz em considerar todas as possibilidades e pode não ficar ansioso até e depois de uma decisão ser tomada. O fantasma do arrependimento pós-decisão tem mais probabilidade de assombrar os que tendem à percepção; eles são mais propensos a ruminar sobre os aspectos negativos da escolha feita e a reconsiderar os aspectos positivos do caminho não percorrido.

Os que tendem a examinar as opções para a tomada de decisão precisam, muitas vezes, ser encorajados a ter paciência e continuar refletindo. Já aqueles que tendem à percepção se confortam por terem dado a devida atenção, aceitando que fizeram a melhor escolha possível considerando o que sabiam na época.

BUSCA DE GRATIFICAÇÃO E EVITAÇÃO DE DANOS

Então há vigilância para prazer ou dor. Algumas pessoas estão muito mais sintonizadas com as possibilidades positivas e, ao tomar decisões, são atraídas por recompensas, ganhos e prazeres potenciais. O cérebro tem vias de recompensa específicas para antecipar e buscar prêmios. Quando uma ação estimula a liberação de dopamina no cérebro, a mensagem é "faça isso de novo!". Embora a busca por prazer seja normal em animais e pessoas, ela também pode enlouquecer alguém na busca compulsiva de recompensas específicas, um fenômeno geralmente chamado de *dependência*.[3]

Da mesma forma, algumas pessoas sentem grande necessidade de evitar riscos ou danos, estando preocupadas em minimizar suas potenciais dores e perdas. Ao fazer escolhas, as perdas potenciais parecem maiores do que os ganhos. Essas pessoas são acentuadas no que é chamado de *evitação de danos*. Os seres humanos variam em sua sensibilidade a possíveis resultados negativos. Algumas pessoas são relativamente insensíveis à punição e não parecem aprender com ela. Elas são ruins em evitar o desprazer, tendem a correr riscos e são mais propensas a manter um comportamento autodestrutivo, apesar das consequências. Pessoas com combinação de alta busca por recompensas e baixa evitação de danos podem ser especialmente duras consigo mesmas e com os outros, incluindo aqueles que as amam.

Essas duas características podem influenciar como você vivencia e resolve a ambivalência. Você diria que está mais preocupado com possíveis recompensas ou em evitar danos? Nos tipos de ambivalência largada-parada (ioiô e pêndulo) (Cap. 2), essas características podem fazer pender a balança.

GRATIFICAÇÃO POSTERGADA

Além disso, as pessoas atribuem importância diferente a ganhos e perdas imediatos *versus* em longo prazo. Um famoso "experimento do *marshmallow*", na Universidade de Stanford, pediu a crianças em idade pré-escolar que escolhessem entre uma pequena guloseima imediata ou abster-se de comê-la por 15 minutos enquanto esperavam sozinhas e, depois, receber duas guloseimas.[4] A característica estudada era o autocontrole — a capacidade de postergar a recompensa. Mais tarde na vida, como adolescentes, as crianças que escolheram esperar por uma segunda guloseima tiveram melhor desempenho acadêmico na escola e foram mais capazes de tolerar a frustração e o estresse.[5] Mesmo 30 anos depois, sua capacidade infantil de adiar a recompensa previu seu índice de massa corporal adulto: elas eram menos propensas a estar acima do peso.[6]

Existe um conceito relacionado em economia chamado *desvalorização pelo atraso*, já mencionado no Capítulo 4.[7] Quanto um incentivo perde seu valor ao ter sua entrega adiada? De modo extremo, uma recompensa ou uma guloseima é insignificante, a menos que esteja acessível imediatamente. No experimento do *marshmallow*, essas crianças logo comiam a guloseima. Os bebês não estão bem-preparados para esperar pela comida ou pelo alívio do desconforto. Para uma pessoa dependente em abstinência, a disponibilidade da droga amanhã pode ser inútil.[8] Um pequeno pagamento em dinheiro agora pode valer mais do que um pagamento maior mais tarde. A tolerância para o atraso da recompensa é um fator em investimentos, empréstimos e poupança para a aposentadoria.

Aqui está um exemplo de ambivalência frequentemente usado em pesquisas de desvalorização pelo atraso. Se você pudesse escolher entre receber R$ 100,00 hoje ou R$ 200,00 daqui a cinco anos, qual você escolheria? Pessoas altamente lógicas podem começar a calcular taxas de juros compostos, mas a maioria escolhe o pagamento imediato. Em quanto tempo o pagamento de R$ 200,00 precisaria chegar para que você optasse por esperá-lo? Um ano? Seis meses? Um mês? Amanhã?

INTROVERSÃO *VERSUS* EXTROVERSÃO

Ao ouvir o termo *introversão*, um primeiro pensamento costuma ser a timidez, mas essa característica de personalidade amplamente reconhecida pode ter um significado muito mais amplo.[9] Aqueles que se inclinam para a introversão preferem processar informações em particular. Eles são mais propensos a resolver tudo internamente antes de anunciar sua decisão. Os extrovertidos, em contrapartida, tendem a elaborar suas decisões conversando sobre elas com outras pessoas; eles "experimentam as coisas" dizendo-as em voz alta. Um introvertido pode, portanto, superestimar a finalidade do que um extrovertido diz. Da mesma forma, um extrovertido pode subestimar a seriedade do que um introvertido diz.

Como isso é importante na ambivalência? Os introvertidos são mais propensos a tentar resolver as coisas silenciosamente, por conta própria, embora possam se beneficiar conversando sobre elas. Os extrovertidos podem tentar várias resoluções, dependendo da(s) pessoa(s) com quem estão falando, mas podem se beneficiar de algum tempo de reflexão silenciosa para obter uma visão geral por conta própria (consulte o Cap. 11).

NECESSIDADE DE CONSISTÊNCIA

Então Leon Festinger estava certo? As pessoas em geral abominam a inconsistência? A resposta parece ser que algumas abominam, enquanto outras não. A preferência pela consistência pessoal é, em si, uma disposição de personalidade.[10] Você se incomoda se suas ações são inconsistentes? É importante para você que os outros o vejam como estável e previsível? Você gosta de fazer as coisas sempre da mesma forma? Nesse caso, você pode ter uma pontuação alta em uma escala de preferência por consistência.[11] Aqueles que valorizam a consistência também tendem a ser mais autoconscientes e introvertidos, preferem ter estrutura e são menos abertos a novas experiências.

Perceber que as pessoas diferem na preferência por consistência ajudou a entender as inconsistências anteriores na pesquisa sobre consistência![12] Se você espera passar um tempo com alguém que não conhece, é provável que avalie essa pessoa desconhecida de maneira mais positiva? Sim, *se* tiver alta preferência por consistência. Você é suscetível à técnica do pé na porta: ao concordar em fazer um pequeno favor a alguém, é mais provável que você concorde com um pedido maior? Sim, *se* tiver alta preferência por consistência. Suponha que você fosse *obrigado* a escrever um ensaio a favor de uma mudança de política social que não defendia anteriormente. Você então tem uma atitude mais favorável em relação a essa mudança? Sim, você tem, mas apenas se tiver alta preferência por consistência. Para pessoas com alta preferência por consistência, ser inconsistente cria ambivalência e pressão para permanecer consistente. Se você é pai de adolescentes e tem alta preferência por consistência, cuidado com o pé na porta!

Não é de admirar que a ambivalência possa ser desafiadora! Diferimos na abertura a novas experiências, na necessidade de fechamento, na busca de prazer e na evitação de danos, na postergação da gratificação, na introversão e na extroversão, e na necessidade de consistência. Com todas essas necessidades girando por dentro, é de admirar que algumas pessoas se sintam tão à vontade em abraçar a ambivalência — um tópico ao qual retornaremos no Capítulo 13. Por ora, concluímos a Parte II, considerando as diversas maneiras pelas quais as pessoas *respondem* à ambivalência.

9

Respondendo à ambivalência

Quando você chegar a uma bifurcação na estrada, aceite-a.
— Yogi Berra

O ano era 1219, e os adversários da Europa eram as nações do Islã. As Cruzadas foram um desastre militar por 120 anos, destruindo cidades do Oriente Médio e inúmeras vidas em ambos os lados. Abençoados pela igreja romana, os exércitos da Quinta Cruzada marcharam para atacar o Egito mais uma vez, buscando recapturar as terras sagradas. Nessa época de medo, quando qualquer conversa sobre negociação era percebida como fraqueza, um jovem padre italiano lutava com sua consciência. Se ele falasse o que pensava e o que sentia, certamente seria considerado um tolo e um traidor, talvez até excomungado ou preso. Se ficasse calado, sabia que nunca poderia viver com sua própria consciência. Assim, arriscando sua vida, ele viajou para o *front*, para o Egito, para se encontrar tanto com os líderes muçulmanos quanto com os marechais cristãos da Cruzada, a fim de aconselhar a paz e o entendimento mútuo. Ele não teve sucesso, assim como a Quinta, a Sexta, a Sétima e a Oitava Cruzadas, nos cinquenta anos seguintes. Ele não conseguiu parar a guerra, mas foi fiel à sua consciência e fez o possível para promover a paz e a esperança. Seu nome era Francisco de Assis.

∎∎∎

Além das diferenças ao experimentar a ambivalência (Cap. 8), nós diferimos em como reagimos a ela. Embora as respostas específicas sejam muitas e variadas, elas tendem a se enquadrar em duas categorias amplas: desligamento (inatividade, evitação) e passos para a resolução (considerar, escolher, comprometimento). Elas se colocam em paralelo às respostas de *fuga ou luta* ao estresse. É normal responder à ambivalência de maneiras diferentes, a depender do momento de vida e das situações.

DESLIGAMENTO

Às vezes, a ambivalência pode ser paralisante, imobilizante. Você não sabe o que fazer e, em vez de fazer o que poderia ser um movimento errado, congela como um cervo ante os faróis e nada faz. Quando você chega à bifurcação da estrada, quer seguir os dois caminhos e não pode, então monta acampamento ali. Adia a decisão. É possível permanecer acampado no ponto de decisão da ambivalência por muito tempo. Uma intenção como "preciso perder peso e entrar em forma" pode persistir por anos sem resultar em muita ação. Mais pessoas ingressam em uma academia do que realmente frequentam uma.

Além da inação, um segundo tipo de resposta é evitar ou fugir ativamente da ambivalência e da escolha. Avistando uma bifurcação na estrada à frente, você vira e retorna. Existem inúmeras maneiras de fazê-lo. Uma delas é evitar circunstâncias nas quais você possa ser forçado a escolher algo. Por exemplo, uma estratégia de enfrentamento precoce comum e muitas vezes bem-sucedida, ao se livrar de uma dependência de substâncias, é evitar situações de alto risco. Diante de um dilema, você pode escolher tirá-lo da cabeça, mergulhando no trabalho ou em outras atividades que o distraiam. A realocação física, como trocar de emprego ou mudar para outra cidade, às vezes é escolhida para escapar de um impasse ambivalente. "Eu simplesmente não conseguia mais ficar lá."

Ainda, outra estratégia de evitação é negar que haja algo sobre o qual estar ambivalente. Existem várias maneiras de se fazer isso. Uma delas é permanecer ignorante para evitar informações indesejadas. Algumas pessoas evitam exames médicos ou *check-ups* porque podem receber más notícias. Outra é a indiferença: por exemplo, não se importar com a pressão sanguínea ou o nível de açúcar no sangue. Uma terceira é descartar ou desconsiderar evidências. Em vários momentos da história, indivíduos e grupos negaram conhecimentos científicos que acabaram se tornando amplamente aceitos:

- Que a Terra é redonda.
- Que fumar causa câncer.
- Que seis milhões de judeus foram assassinados durante o Holocausto.
- Que a atividade humana contribui para o aquecimento global.
- Que o vírus da covid-19 é real e perigoso.

Em essência, essa solução significa decidir que não há razão para estar ambivalente porque se trata de um mito ou de uma farsa. Isso é mantido pelo viés de confirmação: buscar por e atentar seletivamente apenas a informações que sejam consistentes com sua crença, evitando todas as evidências contrárias. Se você não consegue escapar de informações contraditórias, outra estratégia é invalidar e descartar a fonte em si.

Isso também acontece na ciência, quando ocorrem grandes mudanças de paradigma que desafiam suposições e abordagens previamente estabelecidas.[1] Alguns exemplos históricos dessas mudanças de paradigma são a astronomia de Copérnico e Galileu, a teoria dos germes na medicina, a seleção natural na biologia, e a relatividade e a mecânica quântica na física. Tais revoluções científicas são, a princípio, geralmente rejeitadas e ridicularizadas. O desenvolvedor da teoria quântica, Max Planck, observou em sua autobiografia que "uma nova verdade científica não triunfa por convencer seus oponentes e fazê-los ver a luz, mas sim porque seus oponentes eventualmente morrem e uma nova geração cresce tendo familiaridade com ela".[2]

RESOLVENDO A AMBIVALÊNCIA

Se o custo da indecisão for muito alto, uma abordagem diferente para a ambivalência é "sacar as armas contra um mar de problemas",[3] buscando resolvê-la. A essência dessa resposta é considerar e escolher entre as opções disponíveis e agir. Conforme discutido no Capítulo 8, essa decisão é mais fácil para algumas pessoas do que para outras. Também é mais desafiador quando as apostas são altas, com prós e contras importantes em cada lado do dilema, ou quando a ação seria contrária às opiniões de outras pessoas importantes ou poderosas (como no caso de Francisco de Assis).

Algo que surge ao escolher o caminho a seguir em uma encruzilhada é a preocupação com um possível arrependimento posterior. Esse fenômeno é conhecido como remorso do comprador, mas se aplica de maneira mais geral quando as decisões são tomadas diante da ambivalência. "Eu fiz a coisa certa?" Antes de decidir, isso tende a ser uma preocupação mais forte em pessoas do tipo perceptivo do que naquelas que examinam (Cap. 8). Como veremos no Capítulo 11, também existem estratégias psicológicas para reduzir o arrependimento depois que uma decisão é tomada.

Para resolver a ambivalência, existem duas maneiras básicas de proceder, dois métodos para considerar a informação. O primeiro é chamado de *processamento imparcial*, dando consideração sistemática aberta e justa para ambos (ou todos) os caminhos possíveis em uma bifurcação na estrada. Isso é o que esperamos que juízes e júris façam ao ouvir casos no tribunal — ouvir e considerar todas as evidências de ambos os lados sem viés preexistente e chegar a uma decisão justa. Isso requer algum tempo e esforço. No Capítulo 11, você pode experimentar um método para fazer exatamente isso ao resolver a ambivalência.

Muitas vezes, porém, você entra em ambivalência com algum viés consciente ou inconsciente. Ela surge de sua própria experiência, bem como pode ser influenciada por outras pessoas (Cap. 5). Esse viés o inclina a seguir um caminho em vez de outro. O que geralmente acontece nesse caso é chamado de *processamento sistemático tendencioso*, "concentração seletiva em um lado da questão e desequilíbrio da balança decisória".[4] Mesmo um leve viés de valor pode levar você a processar informações a seu favor. O viés de confirmação descrito para evitar a ambivalência também pode ser usado para favorecer determinada escolha a fim de resolvê-la, prestando atenção seletiva às evidências que a defendem, talvez sendo menos crítico na avaliação da confiabilidade das fontes.

A *amplificação da resposta* leva essa estratégia defensiva um passo adiante. O padrão aqui é resolver a ambivalência por meio de um compromisso extremo com um lado de um dilema. Sigmund Freud descreveu um mecanismo de defesa de *formação reativa,* em que as pessoas supercompensam de maneira oposta. Por exemplo, alguém que se ressente de ter que cuidar de um parente pode se tornar excessivamente afetuoso e protetor. Defensores resolutos da legislação *antigay* periodicamente se revelam *gays* na intimidade. Argumentos especialmente estridentes podem até ser motivados por dúvidas ocultas sobre a posição de alguém ou o conhecimento de sua falsidade. Na amplificação da resposta, é como se procurássemos convencer a nós mesmos (e aos outros) de que apenas uma das faces de Jano* da ambivalência é a realidade.

Esse "protestar demais" não é necessariamente uma coisa ruim. Os novos convertidos podem ser crentes profundamente comprometidos, encontrando um novo significado que muda a identidade pessoal e reestrutura suas vidas.[5] Um bom exemplo é o engajamento em Alcoólicos Anônimos, que "atende a pessoas em recuperação em muitos de seus pontos de necessidade e fornece disciplinas comunitárias, comportamentais, emocionais e espirituais" para ajudá-las a fazer a transição, às vezes repentinamente, de um estilo de vida autodestrutivo para a transformação pessoal.[6] O fervor inicial da verdade única de tal renascimento pode se transformar, com o tempo, na internalização de um novo programa de vida.[7] Às vezes, essa transfor-

---

* N. de R. Deus romano de duas faces, uma voltada para a frente, a outra, para trás.

mação parece acontecer espontaneamente.[8] Um atalho para a resolução tendenciosa da ambivalência é aceitar a opinião de uma autoridade, um grupo de referência ou uma fonte de informação com pontos de vista sem ambiguidade. Ao atuar como testemunha especialista no tribunal, descobri que os advogados que me contrataram definitivamente preferiam que eu tivesse opiniões inequívocas. Minha tendência como cientista de reconhecer possibilidades alternativas levou a uma curta carreira em psicologia forense.

Sempre que receber informações inconsistentes com suas crenças ou suas opiniões atuais, você tem uma escolha. Você pode descartá-las ou pode optar por se interessar e explorá-las mais. Certa vez, ouvi uma aluna de pré-doutorado conversando com seu orientador sênior no corredor do lado de fora da sala do corpo docente. Ela havia concluído um estudo testando uma teoria dele e estava explicando que seus dados não confirmavam suas previsões. "Então você fez errado", ele respondeu. "Faça de novo." Em minha própria pesquisa, muitas vezes não encontrei o que esperava, e algumas das descobertas mais importantes vieram de acompanhar esses resultados imprevisíveis. A curiosidade é a resposta científica apropriada à surpresa.

A explicação continua a evoluir depois que uma decisão foi tomada. Existe uma tendência humana de defender sua decisão, *especialmente* quando se trata de uma escolha ambivalente. Essa reinterpretação se reflete não apenas no que você diz, mas também em como pensa depois do fato. Um tema familiar são as *uvas azedas*: depreciação da escolha rejeitada. "Eu não teria gostado mesmo." Se você agiu negativamente ou prejudicou alguém, mesmo sem intenção, existe o risco de difamar ou desvalorizar a pessoa para diminuir sentimentos ambivalentes (de culpa).[9] O raciocínio defensivo, muitas vezes inconsciente, é "Se eu fui cruel, então eles devem ter merecido". Essa justificativa *post-hoc* de ações pode funcionar em ambas as direções: quando você age com bondade para com as pessoas, sua opinião sobre elas tende a melhorar. As ações impulsionam as atitudes e vice-versa. Podemos ir longe na racionalização de nosso comportamento e das nossas crenças!

A justificativa *post-hoc* para uma decisão pode continuar a ser elaborada e ampliada ao longo do tempo. A decisão de cometer um ato ilegal pode ser racionalizada, até mesmo generalizada, em uma identidade antissocial.[10]

As explicações também podem surgir da percepção de um padrão de ambiguidade, muito parecido com o teste de Hermann Rorschach,* no qual as pessoas projetam formas em manchas de tinta aleatórias.[11] Pode ser reconfortante ver ordem na aleatoriedade ou no fracasso.[12] A explicação ordenada é um possível apelo das teorias da conspiração.[13]

A ARMADILHA DO PENSAMENTO BINÁRIO

> O mestre zen segura uma vara acima da cabeça de um aluno. "Se me disser que isso é uma vara, eu vou bater em você. Se me disser que isso não é uma vara, eu vou bater em você. Se não disser nada, eu vou bater em você." Os novatos ficam presos em um ou outro pensamento e, provavelmente, levarão uma pancada na cabeça. Alguns poucos perspicazes respondem estendendo a mão para pegar o bastão, que o mestre solta gentilmente.

Por alguma razão, nossos cérebros humanos são propensos ao pensamento dualista e/ou. Embora a vida seja rica em diversidade, há uma simplicidade atraente na percepção binária, a ilusão de apenas duas possibilidades. Podemos pensar na natureza como sendo constituída de pessoas *versus* todo o resto. A humanidade, como a natureza em geral, é incrivelmente diversa, mas tendemos a visualizar em termos binários: nós e eles, vencedor ou perdedor, preto e branco, amigo ou inimigo, homem e mulher, liberal ou conservador. Tal pensamento dualista sugere, ainda, comparação e competição, que, por sua vez, é um convite para tomar partido e para dominar. *Koans*, como o citado anteriormente, são lições – às vezes, perguntas ou histórias – destinadas a ajudar os alunos a escapar do dualismo e a despertar para uma nova maneira de ver e estar no mundo.

---

* N. de R. T. Popularmente conhecido como "teste do borrão de tinta", essa técnica de avaliação psicológica consiste em solicitar que a pessoa diga o que vê em dez pranchas com manchas de tinta simétricas. A partir das respostas, busca-se traçar um quadro amplo de sua dinâmica psicológica.

Categorias aparentemente sólidas (o significado literal de *estereótipo*) raramente são uniformes. Existe grande variabilidade *dentro* de um grupo racial, um gênero biológico ou um partido político. Às vezes, as diferenças dentro dos grupos são maiores do que entre os grupos. As pessoas identificadas como "conservadoras" variam amplamente em suas combinações de crenças e comportamento, assim como as "liberais". Grupos supostamente diferentes ou opostos também têm muito em comum. Estereotipar um grupo racial, político ou religioso como sendo todos iguais é uma ilusão mental. As pessoas são complexas e possuem ampla variedade de pontos de vista e valores.

A maioria das categorias dicotômicas não é binária, caindo perfeitamente em dois grupos claramente separados. Na África do Sul do *apartheid* e durante a escravidão nos Estados Unidos, elaborados sistemas de medição foram concebidos para definir exatamente se as pessoas eram negras ou brancas. Diferentes características faciais realmente variam ao longo de um *continuum*, e pontos de corte arbitrários foram construídos para reduzir a diversidade em duas categorias. Considere a masculinidade e a feminilidade. Antes, isso parecia uma dicotomia clara, e, então, surgiram siglas em expansão, como LGBTQIA+. Como fator de personalidade, a ideia de masculinidade *versus* feminilidade pode ser pensada como uma única dimensão que vai do super-homem à supermodelo. No entanto, a masculinidade e a feminilidade podem ser medidas como dimensões separadas da personalidade; uma pessoa pode ser rica em uma e baixa na outra (papel sexual estereotipado), alta em ambas (andrógino), baixa em ambas (indiferenciada) ou qualquer combinação.[14] Em um estudo, após experiências transformacionais, os valores de homens e mulheres se afastaram dos estereótipos de papéis sexuais para se tornarem mais semelhantes.[15]

Se você sentiu desconforto surgindo internamente enquanto lia os parágrafos anteriores, isso ilustra um apelo do pensamento binário. Você pode se sentir inclinado a voltar para "Não! Na verdade, existem apenas dois tipos de pessoas". Algo em nós adora perceber e tomar partido, seja em esportes, jogos, debates, guerras ou política. Gostamos de escolher e pertencer a uma equipe, um grupo, uma tribo. É lindamente simples. Algumas pessoas estão dentro; outras estão fora. Alguém ganha e alguém perde.

Isso pode ser um desafio ao aconselhar casais angustiados, que muitas vezes procuram um terapeuta como se estivessem indo ao tribunal para determinar quem é o culpado, quem está errado. É o conteúdo da terapia no entretenimento televisionado ou de uma coluna de conselhos, em que um guru distribui as respostas "certas". Um terapeuta de casais/família competente não toma partido; o "cliente" não é um ou ambos os indivíduos, mas seu *relacionamento*.

Conforme mencionado no Capítulo 5, quando duas pessoas estão ambivalentes juntas, às vezes elas mesmas tomam partido. Cada uma expressa os argumentos de um lado de uma questão sobre a qual ambas estão realmente ambivalentes. Isso pode ocorrer inadvertidamente, pois elas expressam os polos de seu dilema ao tentar resolvê-lo. Uma fala por um lado, e a outra responde naturalmente com "sim, mas...". Há até algo de atraente nessa divisão do trabalho; você pode observar o que é ambivalência interna sendo representada em um debate e pode ser arbitrário quem passa a assumir qual lado do argumento. No entanto, o ato de defender uma posição tende a fortalecer seu compromisso com ela e, portanto, o que era inicialmente um tópico ambivalente pode se tornar polarizado. Se um dos parceiros começa a ceder no debate, o outro pode se tornar novamente ambivalente e até assumir o lado oposto.

O mesmo pode acontecer em nível social, com grupos. Os partidos políticos são conhecidos por inverter posições sobre um assunto quando as condições mudam. Quando um grupo começa a defender um tópico, outro grupo pode adotar reflexivamente o argumento oposto, cada um se tornando gradativamente mais comprometido por meio de declarações públicas. Essa dança de oposição também tem seu apelo mental. Quando existem apenas dois lados, seu cérebro binário tende a percebê-los como opostos – o certo contra o errado, o bem contra o mal – e, uma vez estabelecido, não há dúvida sobre qual é o lado dos anjos: o seu.

À medida que essa dinâmica emerge e as posições se estabelecem, a *univalência* pode se estabelecer em ambos os lados para indivíduos ou grupos. A consideração de mente aberta sobre méritos relativos dá lugar à fidelidade intransigente. Essa intransigência pode ser vista como louvável (obstinação, perseverança, força), embora o mesmo comportamento também possa ser rotulado como insistência, inflexibilidade ou rigidez (ver Cap. 5). Diferentemente da ambivalência, a univalência está associada a alta certeza e respostas rápidas, e é propensa a hipérboles. Amigos são formidáveis, e inimigos são horríveis.

As perspectivas podem se tornar ainda mais arraigadas quando um lado (pessoa ou grupo) está isolado do outro. Tal segregação – relacionando-se apenas com os semelhantes e com ideias similares – pode fazer com que o extremo pareça normal. Acontece com o uso de álcool. À medida que o consumo de álcool aumenta, as pessoas migram para companhias que bebem mais e situações em que o álcool é mais consumido. Certa vez, oferecemos um "*check-up* para consumidores de bebidas alcoólicas" gratuito para aqueles que questionavam se a bebida os prejudicava.[16] Muitos aceitaram. Um componente do *check-up* comparou o uso de álcool da própria pessoa com os resultados de pesquisas nacionais que indicavam porcentagens: "Em média, de cem homens (ou mulheres) americanos, quantos bebem menos do que você?". Em sua maioria, as pessoas que vieram (voluntariamente) para um *check-up* consideravam-se usuárias sociais, mas, na verdade, pontuaram em torno do 98º percentil. Essas pessoas ficaram incrédulas – "Mas *todo mundo* bebe como eu – alguns até mais do que eu!", elas disseram – e, entre suas companhias habituais, isso era verdade.

A separação geográfica pode ter efeito semelhante. Em duas universidades que frequentei, os escritórios do corpo docente de psicologia clínica ficavam fisicamente isolados do restante do departamento – em um andar separado ou em outro prédio. Ambos os departamentos sofreram conflitos internos destrutivos entre professores clínicos e outros. O isolamento da diversidade pode fomentar campos de guerra. Ter um corredor que separa os legisladores de diferentes partidos favorece a polarização, sobretudo se eles nunca cruzarem esses limites. Esse tipo de segregação pode começar cedo, como quando os alunos da escola formam panelinhas que incluem ou excluem indivíduos com base em características percebidas.

As redes sociais também podem promover a segregação e o isolamento. Algoritmos para promover o uso de determinado meio tendem a fornecer aos usuários mais conteúdos semelhantes aos que eles já visualizam e oferecem versões mais extremas e focadas. Isso favorece a polarização de pontos de vista, bem como a rápida proliferação de desinformação confirmatória e teorias da conspiração.

Você não está limitado ou condenado ao pensamento binário. A raça humana está lentamente indo além disso.[17] Quando perceber que está dividindo a realidade em duas categorias, respire fundo e reconsidere.[18] Pessoas, relacionamentos, emoções e qualidade de vida vão muito além de duas possibilidades. Penso nisso quando alguém me pergunta: "Como vai você?". A resposta educada reflexiva é "Bem, e como você está?". Na cultura dos Estados Unidos, tornou-se uma saudação superficial, não um convite genuíno para uma autorrevelação íntima. Eu tinha um amigo psicólogo extraordinariamente intuitivo e inquietantemente honesto. Se eu respondesse: "Tudo bem", ele poderia dizer: "Acho que não", e me contar mais sobre meu estado de espírito apenas pelo que observou em meu rosto e ouviu em minha voz. Eu não sei bem como ele fazia isso, mas ele geralmente estava certo. Depois de mais ou menos um ano, quando nos reencontrávamos, mesmo de passagem no corredor, eu dizia: "Olá Michael! Como eu estou?".

PARTE III

LIDANDO COM A AMBIVALÊNCIA

10

Clarificação dos valores pessoais

Se você não sabe para onde está indo, pode acabar em outro lugar.
— Yogi Berra

No drama televisivo dinamarquês *Borgen*, a genial Birgitte Nyborg é a líder de um pequeno partido político que, por meio de uma sequência de eventos inesperados, torna-se a primeira mulher a assumir o cargo de primeira-ministra da Dinamarca. Nas duas temporadas iniciais, ao ceder às demandas de tempo no trabalho e, depois, às vantagens políticas, ela sucessivamente compromete seus amigos, seus filhos, seu casamento e seus próprios valores fundamentais. Não acontece de uma vez; não há mudança repentina para o lado sombrio. Como o aforismo de que um sapo não pulará de uma panela com água se a temperatura for gradualmente aumentada até a fervura.

...

As escolhas significativas da vida muitas vezes são feitas em meio à ambivalência. Essas decisões gradualmente moldam sua vida, seu caráter e seu futuro. Algumas são tomadas sob a pressão de tempo. Muitas são influenciadas pela situação em que você se encontra e pelas pessoas com quem as compartilha (Cap. 5). Cada escolha individual pode parecer pequena, mas pode crescer como uma bola de neve com o tempo.

Objetividade a respeito do que você mais valoriza é útil ao enfrentar escolhas ambivalentes. Sua balança decisória pode ser influenciada por fatores de curto prazo externos e internos, conscientes e inconscientes. Este capítulo o convida a dar um passo atrás e considerar o que é mais importante para você, como um contexto para as escolhas diárias em sua vida.

O QUE SÃO VALORES PESSOAIS?

Como você toma decisões importantes? Conforme discutido no Capítulo 4, os valores pessoais são apenas uma parte da bússola que orienta suas decisões. Suas escolhas podem ser influenciadas por circunstâncias, pensamentos, emoções e comportamentos de momento a momento. Uma ação torna a próxima mais fácil, e há certa inércia ao hábito. Em nível mais profundo do que sua situação imediata, estão suas crenças e suas atitudes que são mais estáveis, mas que evoluem com o tempo. Ainda mais profundos são os valores fundamentais que você considera como parte de quem você é. Em outras palavras, suas escolhas e suas ações podem ser influenciadas por muitos fatores.

Quão consistente é o que você faz e diz com os valores pessoais aos quais aspira? Em certo sentido, esses valores podem ser inferidos do seu comportamento. Por exemplo, além daquilo que diz que valoriza, como você realmente gasta seu tempo e seu dinheiro? O que alguém pode concluir sobre seus valores examinando seus extratos bancários ou sua agenda? Ações falam mais alto do que palavras.

É realmente significativo, então, falar sobre valores pessoais além do que você realmente faz? Sim, acredito que sim. A pessoa que você é agora não é um produto acabado. Seus valores pessoais se refletem em seus objetivos, suas esperanças e suas aspirações, no que você deseja fazer e se tornar e em como entende o significado e o propósito de sua vida. Eles representam o que você espera alcançar ou afastar na vida. Os valores fundamentais são suas convicções duradouras sobre o que é certo, bom, desejável e digno. Eles são um credo, código ou ideal pelo qual você vive, os padrões pelos quais avalia a si mesmo e aos outros.

Ser objetivo sobre o que você mais valoriza pode ajudá-lo a considerar como sua vida pode refletir melhor esses valores. Sem atenção e intenção conscientes, seus valores fundamentais podem ser superados por preocupações de curto prazo. As ruidosas influências imediatas do mundo ao seu redor podem abafar seu próprio bom senso e as vozes mais suaves do que é mais importante.

Um ponto de partida é considerar a pessoa que você realmente é (ou pelo menos acredita que é) aqui e agora. Aqui está uma experiência interessante que você pode tentar. Liste dez aspectos importantes sobre você, suas funções ou características que melhor descrevem quem você é. Apenas dez. Se preciso, reduza-os de uma lista potencialmente mais longa. Você pode escrevê-los em dez fichas, *post-its* ou pedaços de papel, tornando mais fácil movê-los nas etapas seguintes. Depois, organize a lista em ordem, colocando no topo aquele aspecto que melhor define sua pessoa. Todos eles são importantes, mas qual é o *mais* importante? Organize todos os dez, do aspecto mais ao menos vital do seu eu atual. Por fim, um último passo desafiador, mas interessante. Quantos itens você poderia deixar de lado, riscar ou remover do final da lista e ainda ser quem você é?

Por que esse último passo é difícil? Algo em nós quer proteger quem acreditamos ser. É a nossa *identidade*, nossa autocompreensão, a história que contamos a nós mesmos sobre nós mesmos. Quando alguém desafia seu autoconceito ou o crítica como pessoa, a resposta natural é defensiva.

QUEM É O SEU POSSÍVEL *SELF*?

A pessoa que você é agora não é necessariamente quem você será. É verdade que o melhor palpite sobre como alguém será aos 80 anos é como ele ou ela era aos 40. Pessoas bondosas ao longo da vida normalmente não se tornam idosos mesquinhos. No entanto, as pessoas mudam e crescem com o tempo. Parece haver uma tendência natural para a autorrealização, para crescer em seu potencial positivo, assim como de pequenas bolotas crescem grandes carvalhos.

Uma forma de se pensar sobre valores é em termos de *possíveis selves*, suas ideias sobre o que você pode ser ou se tornar.[1] Os *selves* possíveis são diferentes do seu *self* real aqui e agora, e representam futuros potenciais. Selves possíveis são, em essência, versões futuras alternativas de você mesmo. Discutirei brevemente cinco diferentes *selves* possíveis que foram descritos na literatura psicológica sobre o assunto: *self* ideal, dos sonhos (onírico), provável, do pesadelo e sombrio.

Self ideal

Um *self* possível que foi explorado no início da psicologia é o *ideal*, a pessoa que você acredita que deveria ser ou se tornar. Isso não é necessariamente ser como outra pessoa, embora o conceito de seu *self* ideal possa ser influenciado por pessoas que você admira. Há uma ligação direta aqui com seus valores fundamentais. Se você fosse a versão ideal de si mesmo, como seria diferente? Em qual direção da sua vida você espera prosperar?

O psicólogo Carl Rogers estava interessado na discrepância entre o *self* ideal de uma pessoa e sua experiência real.[2] Ele estava preocupado com o fato de que o conceito de *self* ideal das pessoas é frequentemente imposto e internalizado por fontes externas e pode estar em desacordo com quem elas de fato são.[3] Nesse caso, porções significativas do que você realmente experimenta ser podem se tornar inaceitáveis em comparação com o *self* ideal. Rogers acreditava que a doença mental surge da discrepância entre o *self* ideal e o real – quanto maior a lacuna, maior o sofrimento. Ele desenvolveu uma forma de aconselhamento centrada na pessoa, projetada para ajudar as pessoas a experimentar e aceitar quem elas são.

A partir dessa perspectiva, as pessoas mais saudáveis seriam aquelas cujo *self* ideal é idêntico ao seu *self* real – sem nenhuma discrepância entre quem são e quem aspiram ser. Isso seria saúde mental ou um transtorno da personalidade? Indivíduos narcisistas, por exemplo, têm um senso grandioso de autoimportância e superioridade, e tendem a se ver como ideais. Lutar por ideais além de sua realização atual é um atributo valorizado em muitos empreendimentos humanos, incluindo atletismo, arte, música, religião e educação.

Então, quais são os ideais pelos quais você espera amadurecer? Essas metas não precisam ser impostas. Em vez disso, como você realmente escolheria ser? Qual é o farol que conduz a sua vida? Esse é o seu *self* ideal.

Self dos sonhos

Há também o seu *self* dos sonhos – aquilo que você pode fantasiar sobre ser ou se tornar.[4] O realismo não reina aqui. Talvez você romantize ser rico, famoso, amado, forte, atraente ou poderoso. Esses são temas comuns na publicidade – mensagens fantasiosas sobre o que você deveria ou poderia ser. Por exemplo, um jovem amigo meu está pensando em comprar um terreno florestal sem estradas na zona rural do Alasca, com o sonho de construir uma cabana de toras para sua família e viver da terra.

Grupos sociais, organizações ou culturas podem promover sonhos específicos e até usar estratégias intencionais para quebrar o senso atual das pessoas sobre o que é importante e significativo, substituindo-o por metas e valores institucionais.[5] Esses sonhos são a cenoura pendurada na ponta da vara e podem inspirar uma persistência incrível.[6]

Self provável

Em contraste com o *self* dos sonhos, um terceiro *self* possível é o que você imagina ser realista e provável para você. É o que você *espera* ser ou se tornar. Qual seria o seu melhor palpite sobre como você provavelmente será diferente (se for o caso) daqui a cinco ou dez anos?

O *self* provável pode se autoperpetuar. Sou pessoalmente grato pelos mentores que trouxeram à tona habilidades que eu não via em mim mesmo. Eles gentilmente me ensinaram: "Sim, você pode". Walter McIver foi um carismático professor de música e maestro do Lycoming College. Eu era um estudante de psicologia que simplesmente gostava de ouvir música, mas, respondendo ao seu convite para fazer um teste para o coral da faculdade, me aventurei nervosamente em seu escritório. Ele me cumprimentou calorosamente, sentou-se ao seu piano de cauda e tocou uma nota grave. "Cante essa nota para mim assim: A-O-A-O-A". Fiz o melhor que pude, e ele gradualmente subiu o tom no teclado até que finalmente minha garganta se fechou e eu disse que era tudo o que podia fazer. "Meu Deus, não!", ele respondeu. "*Gosto* do que ouço e há muito mais em você. Você sabia que é um primeiro tenor?" Nos meses que se seguiram, ele me deu um presente que durou a vida toda. Meu *self* provável se expandiu um pouco naquele dia.

Essa influência também pode levar a uma direção sombria. Um belo adolescente afro-americano chamado Malcolm Little teve um momento de mudança de vida quando confidenciou a seu professor de inglês do ensino médio que planejava se tornar advogado.[7] O professor branco respondeu que ser advogado era um objetivo irreal para alguém com a cor de sua pele e que ele deveria estar pensando em algo que *poderia* ser. Seu *self* provável entrou em colapso. "Foi então que comecei a mudar por dentro", relatou ele mais tarde. Ele começou a se afastar dos brancos. Abandonou o sonho de ser advogado, abandonou a escola e começou uma vida de crime. Ele foi preso e condenado a dez anos de prisão, onde seu apelido era Satanás. Mas a história não termina aí. Ao ser solto, o Sr. Little se tornou um ministro que fundou várias novas congregações e provou ser um poderoso orador público. Ele mudou seu nome para Malcolm X, casou-se e teve seis filhos, e visitaria muitas nações defendendo a justiça racial.

Self do pesadelo

Um quarto *self* possível é o do pesadelo: aquilo que você tem medo de *ser* ou *se tornar*. Além do que você deseja, sonha ou espera ser, também há vislumbres do que você teme vir a ser. Um pesadelo comum entre estudantes de alto desempenho é a síndrome do impostor. Para estudantes de pós-graduação, é o medo de que de alguma forma você foi selecionado, mas realmente não merece estar lá, e de que, se alguém descobrir o quão incompetente na verdade você é, será lançado nas trevas. Nos relacionamentos, pode ser o medo de que, se seu ente querido descobrir quem você realmente é, não irá mais amá-lo. Os temas do *self* do pesadelo incluem pobreza, abandono, fracasso, vergonha e rejeição. Esse é o *self* do qual você foge.

Self sombrio

Embora seja facilmente confundido com o *self* do pesadelo, o sombrio é bastante diferente. O *self* do pesadelo é o que você teme se tornar. Potencialmente ainda mais assustador, o *self* sombrio é o que você *já é*, mas não reconhece. Na verdade, você está convencido de que esse definitivamente *não* é você. O psiquiatra suíço Carl Jung cunhou o termo "a sombra" para descrever aspectos não integrados da personalidade que são rejeitados.[8] São pontos cegos, cantos obscuros e inaceitáveis do *self*. Ironicamente, embora você não tenha consciência de sua sombra, muitas vezes ela é bastante aparente para os demais. Sua sombra pode ser revelada em projeção – vendo e respondendo fortemente ao mesmo atributo em outras pessoas. Também pode surgir ao dizer ou fazer impulsivamente coisas que podem surpreendê-lo ou chocá-lo. Eu disse isso em voz alta? Era realmente eu?[9] Um objetivo terapêutico é reconhecer, aceitar e integrar essas partes isoladas do *self*.

INTEGRIDADE: QUEM VOCÊ REALMENTE É?

Agora, com todos esses *selves* possíveis vagando em você, imagine as possibilidades de ambivalência. As pessoas têm valores múltiplos que muitas vezes são inconsistentes e mal organizados ou integrados.[10] Que valores vêm à tona pode depender da situação, levando as pessoas a fabricar crenças e reações momentâneas, com a criação de um senso de identidade um tanto fluido. Na vida cotidiana, como sempre, é fácil ficar inconsciente das inconsistências entre suas próprias crenças, atitudes, valores e ações ou dos conflitos com as expectativas dos outros. Se alguém gentilmente apontar tal inconsistência pessoal, como o professor Rokeach fez com seus alunos (ver o Cap. 4), isso pode chamar a sua atenção e provocar mudanças.

Como novo professor assistente, tive cinco anos para demonstrar meu valor para a universidade dentro de um sistema de estabilidade, então baixei minha cabeça e me concentrei em fazer um bom trabalho, usando até mesmo pequenos blocos de tempo não programado para cumprir tarefas. Depois de dois anos, em avaliações escritas anonimamente, o corpo docente sênior me criticou por ser egocêntrico e descomprometido com o departamento. Isso me pegou de surpresa. Eu não saía para tomar café ou almoçar com colegas ou parava em seus escritórios apenas para bater um papo, o que era norma do departamento. Tive que ajustar um pouco minhas prioridades de tempo para desenvolver esses relacionamentos, que também são importantes.

Esse tipo de priorização é importante dentro de seus próprios valores. Você está constantemente escolhendo como gastar recursos limitados de tempo, dinheiro e energia. Até que ponto essas decisões estão servindo a seus valores pessoais mais amplos e objetivos de vida de longo prazo? Em *Hamlet*, de Shakespeare, Polonius oferece este sábio conselho: "Isto acima de tudo, seja verdadeiro para si mesmo".[11] Ele está falando sobre *integridade* – viver de maneira consistente com seus próprios valores fundamentais.[12] Pessoas cujas vidas estão bem alinhadas com seus valores pessoais tendem a ser mais criativas e empáticas, têm humor mais positivo e experimentam maior significado na vida.[13] Em contrapartida, aquelas cujas vidas são discordantes de seus valores pessoais ou servem a objetivos inconsistentes são mais propensas a sofrer de depressão, ansiedade, raiva e sintomas físicos.[14]

O QUE É MAIS IMPORTANTE PARA VOCÊ?

Então, quais são seus objetivos de *ser*? Quais são os valores que você deseja perseguir com o tempo e os recursos finitos de sua vida? O quadro nas páginas seguintes apresenta uma lista variada com cem desses valores que diferentes pessoas podem escolher.[15] Existem diversas maneiras de considerar suas prioridades de valores. Talvez o mais simples seja ler a lista e escolher os cinco ou os dez que são mais importantes para você. O mesmo conjunto de valores está também disponível *on-line* (disponível na página do livro em loja.grupoa.com.br), em um formato que pode ser impresso em pequenos cartões, com um valor por cartão.[16]* Dessa forma, você pode classificar os cartões em pilhas como Não importante para mim, Um pouco importante para mim, Importante para mim, Mais importante para mim ou o mais importante. Esse pode ser um processo interessante, pois irá ajudá-lo a considerar quais são os valores menos e mais importantes para você orientar sua vida. Se houver outros valores importantes para você, porém não mencionados, você pode adicioná-los à lista ou aos cartões.

Seus valores escolhidos no presente podem ser bem diferentes do que eram no início de sua vida. É normal que as prioridades de valor mudem ao longo dos anos. Às vezes, um evento de vida significativo causa um grande rearranjo, até mesmo a reversão de valores fundamentais.[17] Neste ponto de sua vida, no entanto, quais são os valores mais importantes que orientam sua vida?

Depois de identificar seus valores fundamentais (qualquer número de valores que você escolher, mas não mais do que 10), aqui estão algumas perguntas para sua própria reflexão.

- Você pode priorizar os valores que escolheu de acordo com sua importância? Existe algum que você diria que é o mais importante? Qual deles pode ser o próximo em importância, e assim por diante?
- Considerando cada valor importante em sua lista, um de cada vez, de que maneiras você está demonstrando e buscando esse valor atualmente?
- Por que cada um desses valores é importante para você?
- Que pessoas, eventos ou outras influências ajudaram a tornar esse valor uma prioridade para você?

---

* N. de R. T. O Baralho de Valores Pessoais foi criado em 2001 por William R. Miller, Janet C'de Baca, Daniel B. Matthews e Paula L. Wilbourn, com o objetivo de incentivar a exploração de valores pessoais de modo a eliciar a fala de mudança, que é precursora da modificação de comportamentos segundo o referencial da entrevista motivacional. Em 2011, foi atualizado para incluir mais valores. A versão adaptada para a realidade brasileira por Neliana Buzi Figlie foi publicada em 2021 pela Editora Artesã.

CEM POSSÍVEIS VALORES DE VIDA

1. Aceitação — Ser aceito como eu sou
2. Precisão — Estar correto em minhas opiniões e minhas crenças
3. Realização — Ter realizações importantes
4. Aventura — Ter experiências novas e emocionantes
5. Arte — Apreciar ou expressar-me na arte
6. Atratividade — Ser fisicamente atraente
7. Autoridade — Estar no comando sobre outros
8. Autonomia — Ser autodeterminado e independente
9. Beleza — Apreciar a beleza ao meu redor
10. Pertencimento — Ter sentimento de pertença, fazer parte de algo
11. Cuidado — Cuidar dos outros
12. Desafio — Assumir tarefas e problemas difíceis
13. Conforto — Ter uma vida agradável e confortável
14. Comprometimento — Assumir compromissos duradouros e significativos
15. Compaixão — Sentir e agir com base na preocupação com os outros
16. Complexidade — Abraçar as complexidades da vida
17. Compromisso — Estar disposto a dar e receber em acordos
18. Contribuição — Fazer uma contribuição duradoura no mundo
19. Cooperação — Trabalhar em colaboração com os outros
20. Coragem — Ser corajoso e forte diante da adversidade
21. Cortesia — Ser atencioso e educado com os outros
22. Criatividade — Criar coisas ou ideias novas
23. Curiosidade — Procurar, experimentar e aprender coisas novas
24. Confiabilidade — Ser confiável
25. Diligência — Ser minucioso e consciencioso em tudo o que faço

26.	Dever	Cumprir meus deveres e minhas obrigações
27.	Ecologia	Viver em harmonia com o meio ambiente
28.	Entusiasmo	Ter uma vida cheia de emoções e estímulos
29.	Fidelidade	Ser leal e verdadeiro nos relacionamentos
30.	Fama	Ser conhecido e reconhecido
31.	Família	Ter uma família feliz e amorosa
32.	Forma física	Estar forte e em boa forma física
33.	Flexibilidade	Ajustar-se facilmente a novas circunstâncias
34.	Perdão	Perdoar os outros
35.	Liberdade	Estar livre de restrições e limitações indevidas
36.	Amizade	Ter amigos próximos e solidários
37.	Diversão	Brincar e se divertir
38.	Generosidade	Dar aos outros aquilo que tenho
39.	Autenticidade	Agir de maneira que seja fiel a quem eu sou
40.	A vontade de Deus	Buscar e obedecer a vontade de Deus
41.	Gratidão	Ser grato e agradecido
42.	Crescimento	Continuar mudando e crescendo
43.	Saúde	Estar fisicamente bem e saudável
44.	Honestidade	Ser honesto e verdadeiro
45.	Esperança	Manter perspectiva positiva e otimista
46.	Humildade	Ser modesto e despretensioso
47.	Humor	Ver o lado bem-humorado de mim e do mundo
48.	Imaginação	Ter sonhos e ver possibilidades
49.	Independência	Não depender dos outros
50.	Diligência	Trabalhar duro e nas minhas tarefas de vida
51.	Paz interior	Experimentar a paz pessoal
52.	Integridade	Viver minha vida diária de maneira consistente com meus valores
53.	Inteligência	Manter minha mente afiada e ativa

54.	Intimidade	Compartilhar minhas experiências mais íntimas com os outros
55.	Justiça	Promover tratamento justo e igualitário para todos
56.	Conhecimento	Aprender e contribuir com conhecimentos valiosos
57.	Liderança	Inspirar e guiar os outros
58.	Lazer	Ter tempo para relaxar e desfrutar
59.	Amor	Ser amado por aqueles próximos a mim
60.	Afeto	Dar amor aos outros
61.	Domínio	Ser competente em minhas atividades diárias
62.	Atenção plena	Viver consciente e atento ao momento presente
63.	Moderação	Evitar excessos e encontrar um meio-termo
64.	Monogamia	Ter um relacionamento íntimo e amoroso
65.	Música	Desfrutar ou expressar-me na música
66.	Inconformismo	Questionar e desafiar a autoridade e as normas
67.	Inovação	Ter uma vida cheia de mudanças e variedade
68.	Estímulo	Encorajar e apoiar os outros
69.	Abertura	Estar aberto a novas experiências, ideias e opções
70.	Ordem	Ter uma vida bem ordenada e organizada
71.	Paixão	Ter sentimentos profundos sobre ideias, atividades ou pessoas
72.	Patriotismo	Amar, servir e proteger meu país
73.	Prazer	Sentir-se bem
74.	Popularidade	Ser querido por muitas pessoas
75.	Poder	Ter controle sobre os outros
76.	Praticidade	Focar no que é prático, prudente e sensato
77.	Proteger	Proteger e manter seguros aqueles que amo
78.	Provisão	Prover e cuidar da minha família

79.	Propósito	Ter significado e direção em minha vida
80.	Racionalidade	Ser guiado pela razão, pela lógica e pela evidência
81.	Realismo	Ver e agir de forma realista e prática
82.	Responsabilidade	Tomar e executar decisões responsáveis
83.	Risco	Correr riscos
84.	Romance	Ter um amor intenso e emocionante em minha vida
85.	Segurança	Estar seguro e protegido
86.	Autoaceitação	Aceitar-me como sou
87.	Autocontrole	Ser disciplinado em minhas próprias ações
88.	Autoestima	Sentir-me bem comigo mesmo
89.	Autoconhecimento	Ter uma compreensão profunda e honesta de mim mesmo
90.	Serviço	Ser útil e servir aos outros
91.	Sexualidade	Ter uma vida sexual ativa e satisfatória
92.	Simplicidade	Viver a vida de forma simples, com necessidades básicas
93.	Solidão	Ter tempo e espaço onde eu possa estar separado dos outros
94.	Espiritualidade	Crescer e amadurecer espiritualmente
95.	Estabilidade	Ter uma vida que permanece bastante consistente
96.	Tolerância	Aceitar e respeitar aqueles que diferem de mim
97.	Tradição	Seguir padrões respeitados do passado
98.	Virtude	Viver uma vida moralmente pura
99.	Riqueza	Ter muito dinheiro
100.	Paz mundial	Trabalhar para promover a paz no mundo

Outro valor: _____

Outro valor: _____

- Que proporção de seu tempo e sua energia é atualmente dedicada a viver esses valores?
- Como outras pessoas saberiam que esses são seus valores? Se você fosse acusado de ter esse valor, haveria provas públicas suficientes para condená-lo?
- Escolha um ou dois valores que você gostaria de fortalecer. O que você poderia fazer para expressar esse(s) valor(es) mais plenamente em sua vida?

O Capítulo 11 apresenta um método prático para obter uma visão geral quando você se depara com uma decisão ambivalente. Seus valores fundamentais servem de pano de fundo para essa imagem, um contexto dentro do qual você pode fazer suas escolhas de vida.

11

Uma visão geral

Não decidir é decidir.
— Harvey Cox

Conscientes disso ou não, as pessoas que vivenciam a ambivalência tendem a seguir uma de duas opções: decidir ou não decidir. Conforme descrito no Capítulo 9, existem muitas maquinações mentais para concluir que realmente não há uma escolha a ser feita ou que um lado aparente do dilema é falso. O pensamento sistemático enviesado pode fazer pender a balança sem uma tomada de decisão consciente. Às vezes, a mera passagem do tempo sem escolher decide por você. Isso acontece, por exemplo, quando há um prazo para decidir, como no dilema de Fran, apresentado no Capítulo 2, sobre se mudar para Nova York em função de uma promoção. Decidir ou não decidir é em si um dilema ambivalente.

Fazer o trabalho consciente de decidir – processamento sistemático imparcial (Cap. 9) – envolve recuar para obter o quadro geral, considerando simultaneamente todos os pontos de vista. Não é uma ideia nova. Existe uma antiga tradição filosófica de expor todos os melhores argumentos de cada lado de uma questão, dando-lhes igual e honesta consideração.[1] A imagem de Jano é uma metáfora apropriada: olhar igualmente em duas direções, assim como um pássaro, um cavalo ou um peixe, que veem simultaneamente à esquerda e à direita.

Em uma carta enviada a seu amigo Benjamin Franklin em 1772, o químico e pastor Joseph Priestly comentou estar dividido em relação a uma difícil decisão sobre sua carreira. Esse é um exemplo clássico de ambivalência, embora a palavra ainda não tivesse sido inventada. Franklin respondeu por carta com lógica compassiva, descrevendo o problema:[2]

> Quando estes casos difíceis ocorrem, eles são difíceis principalmente porque, embora tenhamos sob consideração todas as razões, os prós e os contras não estão presentes na mente ao mesmo tempo; mas, às vezes, um lado se apresenta, e, outras vezes, o outro, sendo que o primeiro encontra-se fora de vista. Daí os vários propósitos ou as inclinações prevalecem alternadamente e a incerteza nos deixa perplexos.

É uma experiência familiar o ir e vir de opções na mente, primeiro pensando em uma e, depois, na outra, sem encontrar uma solução. É uma inclinação natural, mas inútil, meditar sobre uma perspectiva de cada vez. Você se aventura mentalmente por um caminho em uma bifurcação na estrada, ponderando suas vantagens. Mais tarde, visualiza outro caminho, com todas as suas atrações e suas adversidades. Talvez na imaginação você vagueie várias vezes por cada ramo da bifurcação, mas isso não traz uma determinação. O seu tribunal de justiça interno ouve argumentos apaixonados de cada lado e permanece indeciso. Um alívio temporário é parar de pensar a respeito.

No entanto, Franklin não parou por aí. Ele continuou descrevendo um método que usou com sucesso ao lutar contra a ambivalência, que é um bom exemplo de processamento sistemático imparcial:

> Para superar isso, meu jeito é dividir meia folha de papel em duas colunas, escrevendo em uma coluna os prós e, na outra, os contras. Então, durante três ou quatro dias de consideração, coloquei nas colunas pequenas sugestões dos diferentes motivos que em diversos momentos me ocorreram a

favor ou contra a tomada de decisão. Depois de reunir tudo em uma perspectiva, procuro estimar seus respectivos pesos; e onde encontro dois – um de cada lado – que parecem iguais, elimino ambos; se encontro uma razão pró igual a duas razões contra, elimino as três. Se julgo duas razões contra iguais a três razões a favor, elimino as cinco. Assim procedendo, descubro, por fim, onde está o equilíbrio; e, se depois de um ou dois dias de consideração mais profunda, nada de novo que seja importante ocorrer em qualquer um dos lados, chego a uma decisão correspondente. Embora o peso das razões não possa ser medido com a precisão das quantidades algébricas, ainda assim, quando cada uma é considerada separada e comparativamente, e o todo está diante de mim, acho que posso julgar melhor e fico menos propenso a dar um passo precipitado; e, de fato, encontrei grande vantagem nesse tipo de equação, no que pode ser chamado de álgebra moral ou prudencial.

A mente científica lógica de Franklin surge ao se corresponder com um colega também cientista. Mesmo que não seja assim que a sua própria mente funcione, o método tem mérito e, ao ser introduzido (agradavelmente) por uma psicóloga chamada Janis,[3] tornou-se uma abordagem terapêutica a fim de ajudar as pessoas a tomarem decisões difíceis. Esse método existe há muito tempo, e não conheço maneira melhor de se chegar a uma decisão em meio à ambivalência.

Vários aspectos do método de Franklin são dignos de nota. Primeiro, ele reservou um tempo para montar sua lista de duas colunas. Ele fez isso por um período de dias, pois diferentes motivos lhe ocorriam. Não é algo para se fazer em uma única sessão. Isso leva em consideração o que ele observou, que a mente tende a ir e vir entre diferentes caminhos possíveis. Em segundo lugar, ele estava listando "motivos diferentes", que são mais amplos do que razões lógicas. Sentimentos, experiências e intuições também são analisados. Essa é uma boa oportunidade para considerar seus próprios valores fundamentais (Cap. 10) e como eles convergem com cada escolha possível. Em terceiro lugar, Franklin atribuiu *pesos* subjetivos a cada um dos motivos de suas listas — a *importância* de cada um deles. Ele não mencionou a atribuição de valores numéricos, embora se possa fazê-lo como uma forma de ponderar a importância relativa. São pesos *subjetivos*, de acordo com o quanto eles parecem importantes para você. Então, em uma espécie de "álgebra moral" ou contabilidade, ele começou a riscar valores equivalentes e compensatórios em ambos os lados para resolver a equação.

Independentemente das etapas de ponderação e de cancelamento atraírem você, construir esse tipo de *equilíbrio decisório* é uma forma útil de reunir o quadro geral para sua própria consideração. Você pode adaptar o método à sua situação. Talvez haja mais de duas escolhas possíveis. Você poderia listar separadamente as vantagens e as desvantagens de cada uma. Um exemplo disso será apresentado mais adiante neste capítulo. Você pode percorrer uma lista de diferentes considerações possíveis, como:

- Consequências de curto prazo
- Consequências de longo prazo
- Seus valores fundamentais
- Fatores emocionais
- Considerações financeiras
- Impacto nos entes queridos
- Impacto na comunidade
- Consistência com seus valores fundamentais (Cap. 10)
- Considerações morais ou espirituais
- Implicações legais
- Intuição ou palpite
- Experiência passada

Como irá fazer isso, depende de você. O objetivo é reservar tempo e construir uma lista de considerações tão grande quanto possível, ponderando igualmente todos os caminhos possíveis. Mesmo considerações aparentemente tolas podem ser incluídas. Se lhe ocorrer, anote.

A forma mais simples é o método de duas colunas descrito por Franklin. Um formato de equilíbrio de decisão frequentemente usado mantém as duas colunas, mas registra em linhas separadas os prós e os contras, as vantagens e as desvantagens de cada coluna. Isso cria uma tabela com a seguinte aparência:

	Opção 1	Opção 2
Prós, ou vantagens		
Contras, ou desvantagens		

Em geral, a escolha é entre fazer uma mudança ou manter o *status quo* — manter as coisas como estão. A tabela pode ser assim para um fumante:

	Parar de fumar	Continuar fumando
Prós, ou vantagens	Reduzir o risco à saúde em longo prazo Economizar Dar bom exemplo para meus filhos Não ser escravo da nicotina Respirar melhor Degustar mais os alimentos?	Não experimentar desconforto de abstinência Ajuda a relaxar Eu tenho o direito de fumar
Contras, ou desvantagens	Abstinência de nicotina Sentir-se privado Sentir-se tenso	Desaprovação social Custo dos cigarros Limita minhas opções de namoro

Observe que o mesmo motivo pode aparecer nas células diagonais, tanto nas vantagens de uma opção quanto nas desvantagens da outra. Economizar dinheiro está entre as vantagens de parar de fumar, e o custo contínuo dos cigarros é uma desvantagem de continuar fumando. Está tudo bem. De fato, todas as vantagens em uma coluna podem ter uma desvantagem correspondente na outra, sobretudo quando as colunas trazem opostos, como mudar ou não mudar.

As opções nem sempre são opostas. Uma decisão de largada-largada, como a da loja de doces (Cap. 2), pode estar entre duas alternativas igualmente atraentes. Nesse caso, pode não haver desvantagens significativas de qualquer escolha. Em contrapartida, uma decisão de motivos de parada, como a da armadilha (menor de dois males), terá desvantagens em ambos os lados e pode ou não envolver vantagens positivas. No tipo de ambivalência ioiô (largada-parada), você está pesando os prós e os contras de uma única opção, então pode haver apenas essas duas células. O equilíbrio decisório de quatro células fica mais claro com a ambivalência do tipo pêndulo, em que há vantagens (largada) e desvantagens (parada) de ambos os lados na escolha entre duas opções. Use qualquer tipo de organização que faça mais sentido para você em um caso particular.

Também pode haver mais de duas ramificações em uma bifurcação na estrada. Ao escolher um tratamento para o câncer, a decisão pode estar entre várias opções, cada uma com evidências de eficácia, bem como com efeitos ou riscos desagradáveis. O método básico de equilíbrio decisório ainda pode ser usado, e é muito mais fácil se você escrever do que se tentar manter tudo isso em mente ao mesmo tempo.

Aqui está um exemplo da vida real que muitos indivíduos ou casais enfrentam: ter um ou mais filhos. A tabela a seguir tem três colunas e pode ser preenchida durante algumas semanas ou alguns meses. As opções em consideração são gravidez, adoção e não ter filhos. Existem, ainda, mais opções possíveis, é claro, como fertilização *in vitro* ou uma "barriga de aluguel". Para fins de ilustração, considere apenas esses três. As entradas ilustrativas em cada célula são hipotéticas e não pretendem ser de aplicação geral.

Observe que as listas são mais longas em alguns células da tabela do que em outras, mas isso por si só não é decisivo. Um item em uma célula de lista mais curta pode ser desproporcionalmente importante e substituir vários outros itens, conforme mencionado nas instruções de Franklin a seu amigo. Alguns itens podem parecer bobos ou relativamente sem importância

UM GRÁFICO DE BALANÇA DECISÓRIA PARA TRÊS OPÇÕES

Ter um filho por gravidez	Ter um filho por adoção	Não ter filhos
Prós, ou vantagens		
Uma criança para amar e ver crescer	Uma criança para amar e ver crescer	Mais liberdade com tempo e dinheiro
Um tipo especial de relacionamento	Um tipo especial de relacionamento	Menos estresse
Alguém para amar profundamente	Alguém para amar profundamente	Liberdade para ser voluntário e viajar
Experiência única de ter um filho	Tantas crianças precisam de um lar	Nenhuma síndrome do ninho vazio
Continuidade do nome da família	Fortalecer nosso relacionamento?	Poder cuidar de outras crianças
O relógio biológico está correndo	Um amigo para toda a vida	
Queremos um filho nosso	Dedução fiscal	
Fortalecer nosso relacionamento?		
Um amigo para toda a vida		
Dedução fiscal		
Contras, ou desvantagens		
Enorme comprometimento de vida e de tempo	Enorme comprometimento de vida e de tempo	Muitas experiências únicas perdidas
Enorme compromisso financeiro	Enorme compromisso financeiro	Nos arrependeríamos dessa escolha mais tarde?
Possibilidades, incógnitas	Efeito nas carreiras?	Ninguém para cuidar de nós na velhice?
Efeito negativo nas carreiras?	Possibilidades, incógnitas	Ninguém para dar herança
Criar uma nova vida?	Provavelmente não conseguiremos um bebê	
Outras necessidades	Genes e histórico incertos	
	Relacionamento com os pais biológicos?	
	Abuso infantil e trauma?	

no quadro geral, mas ainda constarem nas listas. Dois parceiros que tomam essa decisão juntos podem ter listas muito diferentes em cada célula e podem manter seus balanços em separado ou combiná-los. Também é possível que um item na lista de um parceiro seja um obstáculo ou uma dificuldade para o outro. Obviamente, é necessária uma discussão prolongada quando uma decisão envolve mais de uma pessoa, e também pode ser útil conversar com um terceiro neutro ou profissional. O método original de balança decisória foi planejado para ser usado por um facilitador neutro a fim de ajudar as pessoas a fazer escolhas difíceis sem favorecer a resolução em uma direção ou outra. Também pode ser usada na liderança e na tomada de decisão em grupo.[4]

Então dê uma chance! Escolha uma questão ou decisão sobre a qual você é ambivalente e preencha uma tabela de balança decisória como as mostradas anteriormente.

Não precisa ser um grande dilema; você pode praticar isso com escolhas menores. Seu gráfico pode ter apenas dois boxes, como as atrações relativas em uma situação de largada-largada ou ao comparar as adversidades em um conflito parada-parada. Pode ter quatro boxes como o exemplo do fumante anteriormente, listando os prós e os contras de duas escolhas diferentes, ou até mais, como no exemplo de três opções sobre filhos. Você pode preencher os boxes no seu tempo; não é necessário fazer tudo em um dia. Também pode ser útil conversar sobre as opções com alguém que seja um bom ouvinte.

PONDERANDO AS OPÇÕES

Muitas vezes, acontece que ao se ter uma visão geral a escolha parece clara, ou pelo menos mais clara. Essa foi uma surpresa inicial na pesquisa com entrevista motivacional (EM), que ajuda as pessoas a explorar suas próprias razões para a mudança. No início dos anos 1980, eu pensava em EM apenas como uma preparação para o tratamento de transtornos relacionados ao uso de álcool,[5] algo para deixar as pessoas prontas e dispostas a aceitar ajuda profissional. Em um estudo anterior, meus colegas e eu designamos aleatoriamente bebedores problemáticos para receber uma sessão de EM imediatamente (o *check-up* para consumidores de bebidas alcoólicas, mencionado no Cap. 9) ou ficar em uma lista de espera para receber a mesma coisa mais tarde.[6] Após a sessão de EM, demos a todos uma lista de programas locais em que poderiam ser tratados para uso problemático de álcool. Nós prevíamos que, em comparação com aquelas na lista de espera, as pessoas que receberam EM teriam maior probabilidade de procurar tratamento especializado. Erramos. Na verdade, quase ninguém foi para tratamento, mas as pessoas no grupo de EM mostraram uma grande redução imediata em seu consumo de álcool, enquanto aquelas na lista de espera não mostraram nenhuma mudança aparente, até que mais tarde tiveram a EM.

Uma vez superado o obstáculo motivacional de ver a necessidade de mudança, as pessoas seguiram em frente e fizeram isso por conta própria. Muitos estudos já mostraram um efeito desse tipo de aconselhamento breve em uma variedade de problemas de saúde.[7] Tomar a decisão pode ser, em si, um grande avanço.

Às vezes, passar por um processo de balança decisória não é suficiente. Um caminho pode parecer a melhor escolha, mas será que você *consegue*? Um fumante, por exemplo, pode acreditar que é realmente importante parar de fumar, mas duvida que seja possível fazê-lo. Alguma ajuda adicional ou recursos além daqueles discutidos neste livro podem ser necessários para colocar em prática o que parece ser a coisa certa. Além da assistência profissional, conselhos baseados em evidências sobre uma ampla variedade de questões podem ser encontrados em livros de autoajuda e *on-line*. Infelizmente, muitos tipos de conselhos de autoajuda têm pouca ou nenhuma base científica, e há poucos recursos para auxiliá-lo a avaliar a validade do que é oferecido, então seja cauteloso. Alguns livros e *sites* especificam as evidências para as abordagens que descrevem. Você também pode pedir aos profissionais de saúde recomendações de recursos de autoajuda.

Mas e se a visão geral em si não apontar para uma escolha clara? E se todas as razões em suas colunas se equilibrarem na álgebra moral de Franklin? Às vezes, os polos de ambivalência realmente estão equilibrados. Pode ser útil se abrir com alguns amigos ou familiares de confiança e conversar sobre suas opções, ouvindo considerações adicionais. Talvez haja mais informações que ajudem a equilibrar a balança. Você pode discutir seu dilema com um profissional que tenha experiência relevante. Se não houver necessidade de uma decisão rápida, algum tempo adicional para reflexão poderá ser útil para deixar tudo mais claro. Às vezes, é possível tentar dar um ou dois passos em um caminho sem se comprometer com toda a distância a ser percorrida.

E, às vezes, você só precisa fazer uma escolha e viver com ela.

O caminho a seguir é chegar a uma decisão e se manter nesse percurso. Pode até parecer uma escolha arbitrária. Pode não ficar claro por algum tempo como será ou mesmo se havia um único caminho certo. Pode acontecer, em longo prazo, de não ter sido a melhor escolha. A alternativa é permanecer acampado na bifurcação da estrada.

ARREPENDIMENTO

É possível, claro, que, ao tomar uma decisão e segui-la, você se arrependa mais tarde. Para algumas pessoas, de fato, evitar o arrependimento subsequente é uma consideração primordial ao tomar decisões.[8]

Assim como a ambivalência, o arrependimento é uma experiência humana comum, e há muita teoria e pesquisa a respeito.[9] Arrependimento é o sentimento desagradável que você pode experimentar quando percebe ou imagina que as coisas seriam melhores se tivesse tomado uma decisão diferente. Há dois componentes necessários.[10] O primeiro é a decepção, comparando sua situação atual com a forma como acredita que as coisas seriam se você tivesse decidido de forma diferente. Acrescente a isso alguma autoculpabilização por ter tomado a decisão errada e você terá a experiência do arrependimento.

Como o arrependimento é tão comum, as pessoas desenvolveram uma ampla gama de maneiras de reagir a ele.[11] Como as respostas à própria ambivalência (Cap. 9), as reações ao arrependimento tendem a se enquadrar em duas grandes categorias. A primeira abordagem é cognitiva, projetada principalmente para evitar ou reduzir a emoção desagradável associada ao arrependimento. Você pode encontrar justificativas para a decisão que tomou, que, afinal, realmente foi a melhor escolha. Talvez haja um lado positivo no que você decidiu; o que geralmente começa com as palavras "ao menos...". Se você levou algum tempo para considerar cuidadosamente as opções possíveis à luz de seus valores pessoais, pode se confortar com o fato de que foi uma escolha razoável, considerando tudo o que sabia na época. Você poderia desvalorizar o que não escolheu, decidindo que não teria sido tão bom assim, ou que você realmente não o queria de fato. Você pode negar a responsabilidade pessoal por ter feito a escolha: outra pessoa decidiu ou persuadiu você a fazê-lo.

A outra abordagem ampla do arrependimento é fazer algo a respeito. Às vezes, a decisão pode ser desfeita ou revertida. Você pode aceitar e expressar seu arrependimento, talvez na forma de um pedido de desculpas a qualquer pessoa que tenha sido prejudicada por sua escolha ou fazendo o que puder para acertar as coisas. Esse é o cerne da justiça restaurativa.[12] Você pode ajustar suas ações futuras à luz do que aprendeu, para que novas decisões tenham melhores resultados.

Tomar uma decisão, o foco deste capítulo, é um bom começo. Uma vez que tenha feito uma escolha, como você pode seguir e se manter nesse caminho? Às vezes, ter tomado a decisão é suficiente por si só e pronto. Também pode ser necessário um pouco mais de trabalho motivacional para lançar-se em seu caminho. Esse é o tema do Capítulo 12.

12

Superação das dificuldades

Peguei a [estrada] menos percorrida e isso fez toda a diferença.
— Robert Frost, *The road not taken*

Você não pretendia se perder na floresta, mas aconteceu. Felizmente, veio preparado. Você trouxe um saco de dormir e uma pequena barraca que o manteve quente e seco ontem à noite, e pela manhã conseguiu fazer uma pequena fogueira. Você usou roupas e calçados apropriados, e tem comida e água suficientes para mais um ou dois dias. O que você não tem é uma bússola. Se estivesse na Islândia, seria fácil: a piada local é que, se estiver perdido em uma floresta islandesa, apenas precisa ficar de pé (porque as árvores são baixas). Você sabe que essa é uma floresta considerável, e a copa das árvores obstrui sua visão do sol durante o dia e das estrelas à noite. Não há trilhas ou riachos a seguir e, ao explorar ontem à noite, antes de escurecer, você percebeu que estava andando em círculos.

Agora é um novo dia, e você quer sair desse lugar. Você sabe por um mapa que a floresta não tem mais de 10 km de extensão. Não tem certeza de qual direção seguir, mas raciocina que, se pudesse caminhar em linha reta em qualquer direção, acabaria encontrando a saída. Mas como fazer isso – como evitar refazer seus passos e andar em círculos novamente?

Ah! Você teve uma ideia. Encontra uma árvore que está a alguma distância de você e, olhando além dela, se concentra em uma segunda árvore que está mais distante. Então, mantendo essas duas árvores em sua linha de visão, você avista uma terceira árvore ainda mais distante, que fica em linha reta com as outras duas. Agora, você caminha da árvore 1 para a árvore 2, de olho na árvore 3. Ao se aproximar da árvore 2, você avista uma quarta árvore em linha reta além da árvore 3, e assim por diante. Dessa forma, com alguma sorte, você pode continuar se movendo de árvore em árvore em uma linha razoavelmente reta e, por fim, encontrar o caminho para uma estrada, para um riacho ou para a borda da floresta.

■ ■ ■

Libertar-se da ambivalência é um pouco assim. Uma tendência natural é ficar andando em círculos, pensando primeiro em uma alternativa e depois em outra, refazendo seus passos. Outra possibilidade é encontrar uma forma de se sentir confortável vivendo com a ambivalência (Cap. 13). Para sair da floresta, no entanto, você escolheria uma direção e continuaria seguindo. Isso pode parecer desconfortável no começo. Especialmente com os tipos de ambivalência ioiô e pêndulo, mover-se em uma direção pode fazer com que você pense duas vezes. Para evitar mais noites na floresta, porém, você apenas continuaria se movendo em linha reta, de árvore em árvore, sem se deixar abater por dúvidas.

Chegar a uma decisão é o primeiro passo para resolver a ambivalência. Esse foi o foco do Capítulo 11. Executar essa decisão pode ser um processo mais longo: colocar sua escolha em prática e ficar em paz com ela.

CRIANDO UMA SAÍDA POR MEIO DO PENSAMENTO E DA FALA

O trabalho interior de resolver a ambivalência tem a ver com o que você diz a si mesmo (em pensamentos, escrevendo ou mesmo em voz alta) e a outras pessoas sobre sua escolha. Você está literalmente falando consigo mesmo durante o processo. George Carlin observou que "a razão pela qual falo comigo mesmo é porque sou o único cujas respostas aceito". É verdade. Em sua própria fala, você está, essencialmente, descobrindo, ensaiando e fortalecendo sua motivação para seguir em frente.

Alguns tipos de fala são úteis aqui. Você já está familiarizado com essas formas de fala. Sempre que faz um pedido a alguém, você ouve atentamente o que a pessoa diz em resposta. Por que você faz isso? Porque o que ela diz dá pistas sobre se seu pedido vai ser atendido ou não.[1] Suponha, por exemplo, que você peça a um amigo para fazer algo. O conteúdo específico da solicitação não importa aqui, porque os tipos de resposta que você ouvirá são os mesmos. Aqui estão algumas coisas que seu amigo pode dizer em resposta ao seu pedido:

- Eu gostaria de fazer isso por você (e então você ouve um "mas...").
- Eu desejo fazer isso por você.
- Eu poderia ser capaz de fazer isso.
- Eu poderia fazer isso.
- Eu posso fazer isso.
- Eu deveria fazer isso.
- Eu sei que isso é importante para você.
- Estou disposto a fazer isso.
- Eu vou fazer isso.

Você consegue perceber as diferenças entre essas respostas? Algumas delas parecem esperançosas, outras nem tanto. Essa é a fala da mudança, uma dança de palavras de negociação que acontece quando as pessoas fazem e respondem a pedidos.[2] Como vive em sociedade, você já conhece essa dança, embora possa não ter pensado nas etapas específicas. Os mesmos tipos de falas são usados ao fazer solicitações. Por exemplo:

- Você gostaria de...
- Você poderia...
- Você está disposto a...

A seguir, estão sete tipos específicos de linguagem automotivacional que foram discutidos no Capítulo 3. Eles foram observados ao longo de décadas de pesquisas ouvindo o que as pessoas diziam durante aconselhamento para ajudá-las a fazer mudanças.[3] Descobrimos que tal fala, de fato, prediz o comportamento posterior.[4] É possível ser desonesto, é claro, como quando as pessoas dizem coisas que não querem dizer. No entanto, quando elas falam honestamente sobre si mesmas, esse tipo de linguagem pode fortalecer sua motivação para a mudança.[5]

Você pode praticá-los, se desejar. Comece com um tópico ainda ambivalente sobre o qual decidiu uma direção que deseja ou escolheu seguir. Você pode gerar cada tipo de mudança falando sobre a direção que escolher. Essas são coisas que você poderia dizer para si mesmo ou para outra pessoa, mas sugiro primeiro que as escreva. Em um bloco ou em uma folha de papel, escreva no topo a decisão que tomou (talvez no Cap. 11). As tarefas deste capítulo podem não fazer muito sentido se você não estiver pensando em algo específico que deseja ou decidiu fazer. Em seguida, experimente esses sete tipos diferentes de fala.

Para mostrar exemplos específicos de cada tipo de fala de mudança, vou apresentar algumas de minhas próprias conversas internas enquanto resolvia a ambivalência sobre a prática de exercícios quando fui diagnosticado com "pré-diabetes". Eu sabia, é claro, que a atividade regular é uma das melhores coisas que você pode fazer para se manter forte e saudável à medida que envelhece, principalmente se tiver uma ocupação bastante sedentária como a minha. Eu tinha muitas desculpas para *não* me exercitar e não preciso mencioná-las aqui. Ser diagnosticado foi uma boa motivação para considerar mais seriamente a prática de exercícios, embora muitas pessoas com diabetes (ou outras doenças crônicas) ainda não façam o que deveriam para ser saudáveis.[6] Mesmo ter um ataque cardíaco pode não ser suficiente para persuadir algumas pessoas a parar de fumar, mudar sua dieta e praticar atividade física. Então, como posso me convencer a fazer as coisas certas para me manter saudável? À medida que apresento exemplos, você pode criar suas próprias falas sobre um tópico ambivalente à sua escolha. Não pense nelas apenas. Escreva-as!

Desejo

A fala de desejo é basicamente uma forma de dizer "eu quero". Uma fala de *desejo* pode começar com as palavras *quero*, *desejo* ou *gostaria*. Aqui estão algumas das minhas.

- Eu *gostaria* de manter minha visão.
- Estou *ansioso* para brincar com meus netos.
- Eu *gosto* de alguns tipos de atividade física.
- *Quero* fazer o que for preciso para me manter saudável.

Quais podem ser suas falas de desejo sobre a direção que escolheu? Tente escrever algumas palavras iniciais para desejo: *querer, desejar, gostar, apreciar*.

Habilidade

Uma forma diferente é a fala de *habilidade*, que diz que é possível para você. As falas de habilidade podem começar com *eu posso, eu poderia, eu sou capaz de* ou *eu sei como*.

- Sempre gostei de andar de bicicleta e acho que *poderia* fazer mais isso.
- É *possível* para mim obter algum equipamento de exercício para usar em casa.
- Acho que seria *capaz* de me exercitar de manhã por mais ou menos uma hora.
- Provavelmente *posso* fazer isso dois ou três dias por semana.

Quais podem ser suas falas de habilidade sobre a decisão que escolheu? O que você pode ou poderia fazer? (A diferença entre essas duas palavras é interessante por si só. Qual delas parece mais fácil para você dizer e por quê?) O que seria possível; o que você seria capaz de fazer?

Razões

As falas de *razão* explicam por que você faria um tipo de escolha. Existem duas formas gerais:

- Se eu fizer isso, então... (e você dá uma razão positiva para a escolha que fez).
- Se eu não fizer isso, então... (e você afirma por que o caminho que escolheu é melhor do que o alternativo).

Um bom começo é pensar em três razões diferentes para sua escolha:

1. O médico disse que *se* eu me exercitar regularmente, *então* isso ajudará a manter baixo meu nível de açúcar no sangue.
2. *Se* eu *fizer* exercícios, talvez não precise tomar insulina.
3. Lembro-me de quais podem ser as "complicações" *se* eu *não* controlar meu diabetes e, definitivamente, não *quero* ficar cego ou perder meus pés. (Esta fala mistura razão e desejo.)

Então, cite ao menos três boas razões para sustentar sua escolha. Faça uma lista.

Necessidade

A fala da *necessidade* enfatiza a importância. Algumas formas comuns são *preciso, tenho que, devo* e *é importante para mim*. O que você pode dizer sobre a importância da sua escolha? Você não precisa explicar o porquê. Dessa forma, se transformaria em uma razão (o que também é bom).

- *Tenho que* começar a me exercitar mais.
- O exercício é *importante* para mim.
- Eu de fato *devo* ser mais ativo fisicamente.

Tente anotar algumas dessas. Você pode adicionar "porque…" se desejar, acrescentando uma razão.

Ativação

É possível querer e precisar, ter boas razões e habilidade, e ainda assim não estar disposto ou pronto. Falas de ativação não são exatamente "eu vou", mas chegam perto. Aqui estão alguns tipos possíveis:

- Estou pronto para…
- Estou disposto a…
- Estou preparado para…
- Eu planejo…
- Eu pretendo…
- Eu decidi…

Em relação ao exercício, eu poderia ter dito a mim mesmo ou a outros:

- Estou *disposto a considerar* me matricular em uma academia.
- *Pretendo* me exercitar por 45 minutos, três noites por semana.
- *Decidi* que é importante comprar alguns equipamentos de ginástica.

Então, o que você está disposto, planejando, considerando ou pronto para fazer? Escreva algumas afirmações.

Compromisso

A fala de *compromisso* é ainda mais forte. Essa é a linguagem usada para fazer promessas e entrar em acordos. Ela diz o que você *vai* fazer. Se perguntassem no tribunal: "Jura dizer a verdade, somente a verdade, e nada além da verdade?", o juiz não aceitaria nenhuma das afirmações anteriores: *Eu quero! Eu poderia! Tenho bons motivos para isso! Preciso!* ou *Estou disposto a considerar isso!* A única resposta aceitável é: *Eu vou.*[7]

Algumas formas possíveis de falas de compromisso incluem *eu vou, eu prometo* e *eu garanto*. Reafirmando minhas afirmações de prontidão, a fala de compromisso seria:

- *Vou* me matricular em uma academia.
- *Vou* me exercitar por 45 minutos, três noites por semana.
- *Prometo* comprar alguns equipamentos de ginástica.

Então, que afirmações desse tipo você está preparado para fazer em relação à escolha que fez? O que você acha que vai fazer?

Dar passos

Muitas vezes, quando as pessoas decidem fazer algo, já deram alguns pequenos passos nessa direção, como se estivessem se preparando ou experimentando mentalmente. Aqui estão alguns passos que eu mesmo dei em relação ao aumento da atividade física:

- Pesquisei *on-line* para ver quanto custaria um aparelho elíptico.
- Comprei um par de calçados confortáveis para praticar exercícios.
- Perguntei ao meu médico que tipo de atividade seria segura para mim.

O que você já fez (se é que já fez) para considerar, preparar-se, direcionar-se ou experimentar a escolha ou a mudança que está considerando? Mesmo pequenos passos contam. Se você não tiver pensado em nenhum, que passos *poderia* dar para se mover na direção desejada?

UM EXEMPLO CLÍNICO

Às vezes, as pessoas acham difícil seguir em uma direção por conta própria. Com motivações conflitantes, há uma tendência natural de ficar alternando entre opções, em vez de ir de árvore em árvore em linha reta.

Desenvolvemos um método de EM[8] para ajudar a guiar as pessoas para fora da floresta da ambivalência. Normalmente, a conversa começa com as pessoas descrevendo uma mudança que estão considerando (ou querendo ou precisando fazer), mas que ainda não conseguiram fazer – em outras palavras, algo sobre o qual estão ambivalentes. Ao ouvir e respeitar suas hesitações, o entrevistador as ajuda a expressar suas próprias motivações para mudar e seguir em frente. Foi demonstrado que esse método ajuda as pessoas a se mover em alguns tipos diferentes de mudança.[9] E pode ajudá-las a aumentar ou diminuir um comportamento. Aqui está um exemplo de entrevista com Charles, cuja preocupação é a quantidade de tempo que passa na internet.

Entrevistador: Conte-me um pouco sobre o que está em sua mente.

Charles: Eu realmente gosto de navegar na *web*, conhecer e conversar com as pessoas lá. Passo horas, todos os dias, e às vezes acho que é demais, mas é exatamente o que faço.   *Ambivalência*

E: Existem coisas boas e também talvez alguns aspectos não tão bons.   *Ecoando a ambivalência dele*

C: Bem, não tenho certeza se é tão bom assim para mim. Eu entro e, antes que eu perceba, horas se passaram.   *Razão para a mudança*

E: Isso realmente envolve você, talvez demais.

C: Certo. Quer dizer, isso preenche meu tempo, mas não faço muito mais.   *Razões*

E: Como você gostaria de passar o tempo, se não estivesse nas telas?

C: Temos dois filhos pequenos, um de 2 anos e outro de 6 meses, e eu gosto de passar tempo com eles. *Desejo*

E: E com a mãe deles?

C: Sim, claro. Moramos todos juntos.

E: O que você mais gosta no seu tempo juntos?

C: Eles estão crescendo tão rápido, e acho que sinto *Razões*
muita falta. Eu quero estar presente para eles. Quer
dizer, trabalho o dia todo, então podemos ficar *Desejo*
juntos à noite ou no fim de semana, e é quando
estou mais no computador. Gostamos de brincar *Desejo*
com eles juntos quando podemos.

E: Sua família é muito importante para você.

C: Eles são, e às vezes me sinto culpado como se não *Razões*
estivesse fazendo minha parte.

E: E o que mais você gosta de fazer quando não está na internet?

C: Eu gosto de andar de bicicleta e às vezes vamos ao *Desejo*
zoológico ou saímos para comer juntos. É divertido.
Eu também tenho alguns amigos e não os vejo *Razões*
muito.

E: O quanto você diria que é importante passar menos tempo *on-line* e mais fazendo outras coisas, como ficar com sua família?

C: Quão importante?

E: Sim. Como em uma escala de zero a 10, quão importante você acha que é?

C: Eu não sei. Talvez 7 ou 8. *Necessidade*

E: Uau, muito importante, então! O que você poderia fazer se decidisse passar mais tempo longe da internet? Como você pode fazer isso?

C: Talvez eu pudesse definir um limite de tempo para mim, como apenas uma hora por dia. Na verdade, eu provavelmente deveria fazer isso com nosso filho de 2 anos também. Quando não estou com ele e sua mãe está ocupada, ele está pegando meu mau hábito e assistindo à TV.   *Habilidade*

Razões

E: Você acha que poderia estabelecer um limite de tempo.

C: Claro. Quer dizer, é uma grande mudança para mim, mas eu poderia fazer isso. Eu poderia usar um cronômetro.   *Habilidade*

E: Você está disposto a fazer isso?

C: Imediatamente?

E: Bem, quando você quiser, mas isso é algo que está disposto a tentar?

C: Acho que seria uma boa ideia.   *Prontidão para a mudança*

E: E por quê?

C: Como eu disse, as crianças estão crescendo e eu quero estar lá para ver. Eu apenas sinto que estou ficando muito viciado nas coisas da *web*.   *Razões*

Razões

E: Viciado. Como se estivesse controlando você.

C: Mais ou menos. Não há fim para isso. Eu fico meio sem noção, e os dias voam. Quando penso nisso, não fico feliz.   *Razões*

Desejo

E: Você está pensando que talvez seja a hora. Então o que acha que vai fazer?

C: Gosto da ideia de não mais do que uma hora por dia.

E: Você acha que pode fazer isso?

C: Sim, posso. Talvez eu até comece hoje à noite.   *Habilidade*

E: Mesmo? Hoje à noite. Depende de você.
C: Claro, por que não? Vou tentar.   *Compromisso*
E: Faz sentido para mim!

O que o entrevistador está fazendo aqui pode parecer simples, mas, na verdade, é bastante habilidoso e requer alguma prática. O entrevistador poderia ter passado mais tempo falando sobre todas as coisas que Charles gosta na internet, sobre por que ele não gostaria de mudar e sobre os obstáculos para fazer isso. Também teria sido muito diferente se Charles soubesse por que e como deveria fazê-lo. Em vez disso, o entrevistador fez perguntas específicas e destacou aspectos do que Charles disse para ajudá-lo a continuar saindo da floresta. Charles estava literalmente se convencendo a mudar. Assim como você ouve o que as pessoas dizem quando pede que façam algo por você, o que alguém diz durante uma entrevista como essa prevê se isso vai acontecer.[10] A propósito, descobrimos que não é essencial chegar logo à fala de compromisso para que a mudança ocorra. Todos os tipos de conversas sobre mudança parecem ter seu próprio ímpeto.

Usando suas próprias afirmações motivacionais

Você poderia fazer isso sozinho?[11] Na verdade, é assim que acontece normalmente. As afirmações que você escreveu na seção anterior, antes desse exemplo, foram em suas próprias palavras, e usá-las pode ajudar a fortalecer sua motivação e seu comprometimento para fazer o que decidiu. Elas podem ajudá-lo a continuar seguindo o caminho que escolheu. Você pode manter sua lista em um lugar onde a verá com frequência. Pode fazer adições a ela. Pode repetir as afirmações silenciosamente para si mesmo como lembretes. Poderia lê-las em voz alta para os outros.

Não espere perfeição. Você pode dar três passos para a frente e dois para trás, mas continue avançando. O perfeccionismo é a principal dificuldade das resoluções de ano-novo: considerar sua afirmação uma *regra*. Quebre a regra uma vez e você pode abandonar sua intenção original. Em vez de desistir, continue renovando suas motivações em relação à escolha que fez. Falar suas afirmações em voz alta para outras pessoas pode aumentar seu comprometimento.

CRIAR SUA SAÍDA POR MEIO DE AÇÕES

Falar não é tudo. Ações são mais importantes que palavras. Você concretiza sua decisão pelo que faz. Você pode dividir seu objetivo em etapas menores e executar uma coisa de cada vez? Não apenas dizer, mas *fazer* as coisas pode levá-lo mais longe no caminho que escolheu.

Se o caminho for realmente novo, suas ações a princípio podem parecer, digamos, atuação. Como andar de bicicleta, um novo comportamento pode parecer desconfortável e estranho no início. É assim que você aprende muitas coisas novas. Viver como se sua escolha já fosse um fato é uma forma de se acostumar com ela.[12] Passar do uso diário pesado de álcool para uma abstinência alcoolica pode ser uma grande mudança de estilo de vida, e o aforismo "Finja até conseguir" contém a sabedoria da experiência vivida.

Então, além de fortalecer sua motivação com o que você fala, que tal colocar sua intenção em ação? Fazer isso fortalece ainda mais seu compromisso. Que passos você poderia dar para avançar mais no caminho escolhido? Com o tempo, em minha própria transição para uma alimentação vegetariana com baixo teor de gordura, li livros sobre o assunto, estoquei alimentos saudáveis, experimentei novas receitas, aprendi a usar um espiralizador de legumes, contei a amigos o que estava fazendo e até comprei algumas novas panelas.

Etapas como essas não precisam ser feitas todas de uma vez. A implementação de uma nova decisão pode levar tempo, seja para um indivíduo, uma família, uma organização ou uma nação. Assim como no exemplo de árvore em árvore, quando estiver fora da floresta, você pode ficar de olho no horizonte e continuar avançando em direção a ele dando passos na direção certa.

UM CAPÍTULO FINAL

Então você leu este livro até aqui sem sucumbir à ambivalência. A jornada começou com a natureza, os sabores e a linguagem da ambivalência. A Parte II explorou suas fontes, suas influências, suas formas inconscientes e seus efeitos e, em seguida, como as pessoas respondem à ambivalência, incluindo algumas diferenças de personalidade. Esta Parte III, que aborda como lidar com a ambivalência, começou com a exploração de seus valores pessoais e a obtenção de uma visão geral como um contexto para escolher sua direção em uma bifurcação na estrada. Este capítulo se concentrou em pensar, falar e agir para criar sua saída da floresta da ambivalência após fazer uma escolha. No entanto, como discutido no capítulo de abertura, a ambivalência nem sempre deve ser evitada. Jano tem pontos fortes importantes por ser capaz de olhar em duas direções ao mesmo tempo, e a ambivalência pode ser vantajosa e até agradável. O Capítulo 13 tratará sobre viver com e abraçar a ambivalência.

13

Aceitação da ambivalência

Tentada pela simplicidade e assombrada pela complexidade, a [humanidade] contemporânea tem a opção de paralisar ou se tornar uma apreciadora da ambiguidade.
— Stephen Shapiro, *The ambivalent animal*[1]

A vida não melhoraria se a ambivalência fosse erradicada. Perceber, considerar e escolher entre alternativas futuras é uma notável habilidade e uma responsabilidade da humanidade — além de uma característica definidora das democracias. Histórias de vida grandes e pequenas são moldadas pela ambivalência. Os presidentes dos Estados Unidos e outros chefes de governo enfrentam momentos de decisão angustiantes e ambivalentes, e são lembrados pelas escolhas que fizeram.

Em um nível individual, a ambivalência levanta questões sobre como você escolherá ser, e as decisões que tomar, por sua vez, moldarão quem você é. A capacidade de perceber situações a partir de diferentes perspectivas é um elemento fundamental na criatividade e na geração de novas possibilidades. A ambivalência é um primeiro passo em direção à mudança[2] e um passo necessário para desaprender informações e crenças imprecisas.[3] Também promove abertura e viés menos seletivo em relação a novas informações. Esperar apenas preservar o *status quo* é uma receita para a infelicidade, porque a mudança é inevitável.

A ambivalência também é importante e valiosa em nível social. As tensões dialéticas e sua resolução estão no cerne da política e da religião.[4] Assim como a música é enriquecida pelos contrapontos, a diversidade de pontos de vista pode favorecer — e de fato é vital — a melhor tomada de decisão nas organizações. Abraham Lincoln notoriamente nomeou para seu gabinete não apenas aliados, mas todos os seus principais rivais da eleição presidencial de 1860. Líderes ambivalentes gastam mais tempo e consideram uma variedade de perspectivas antes de decidir, enquanto líderes obstinados e não ambivalentes podem causar grandes danos por meio de ações impulsivas ou irrefletidas. A expressão pública de ambivalência (em vez de certeza) pode motivar novas ações.[5]

Um corolário social é que a sabedoria coletiva, que é mais propensa a conter ambivalência, supera o julgamento individual. Na política presbiteriana que influenciou a formação da constituição dos Estados Unidos, os líderes foram eleitos para discernir juntos, em vez de "dominar" ou simplesmente espelhar as opiniões dos governados.[6] Tal processo não visa derrotar ou destruir pontos de vista opostos. Trata-se de colaborar (literalmente "trabalhar juntos") e se comprometer (literalmente "prometer juntos") por meio de um processo de sabedoria de grupo que é mais do que a soma das opiniões de seus membros individuais.

ADAPTAÇÃO À MUDANÇA

As mudanças sociais e tecnológicas podem afetar drasticamente os indivíduos, bem como os negócios e a indústria. Carreiras inteiras podem desaparecer. Antes do surgimento dos supermercados, o leite era entregue diariamente de porta em porta em garrafas de vidro. Lembro-me vividamente de nosso leiteiro da vizinhança na porta implorando aos meus pais que não encerrassem o pedido de entrega. Com o advento da refrigeração doméstica, o homem do gelo não vem mais, e, com a internet, livros e outras vendas começaram a migrar para formatos *on-line*. A música passou de discos de vinil para cassetes, depois de CDs para o iTunes. Como as empresas respondem quando tais mudanças ocorrem? Dada a tendência humana para o pensamento binário (Cap. 9), os CEOs frequentemente categorizam uma mudança específica como boa ou ruim e respondem de acordo.

Mas e se um executivo for ambivalente, percebendo uma mudança como boa e ruim? Essa questão foi abordada em um estudo com 104 empresas alemãs durante uma grande expansão da União Europeia (UE), para incluir os ex-estados soviéticos.[7] Os CEOs foram solicitados a avaliar separadamente o quão bons eram os aspectos positivos e o quão ruins eram os negativos. Alguns foram inequívocos, considerando a mudança uma coisa boa; outros a viram principalmente como algo ruim. A ambivalência foi definida como a semelhança dos níveis de avaliação positiva e negativa de um CEO. As empresas cujos CEOs eram ambivalentes sobre a expansão da UE eram as mais propensas a adotar ações adaptativas em resposta à mudança, e suas operações eram de escopo maior, mais inovadoras e implicavam maior risco. A ambivalência do CEO previu a ação organizacional, mas com uma ressalva importante. Lembre-se de que a ambivalência foi definida com níveis semelhantes de percepção de aspectos bons e ruins da mudança. Nessa definição, a ambivalência abrangeria tanto aqueles que viam muito pouco de bom ou ruim quanto aqueles que percebiam simultaneamente aspectos positivos e negativos mais intensos. Os primeiros eram essencialmente indiferentes sobre a mudança da UE, enquanto os últimos eram verdadeiramente ambivalentes em perceber implicações importantes tanto positivas quanto negativas.

Foram apenas os últimos (aqueles que abraçaram os prós e os contras importantes) que agiram para responder à mudança da UE — mais do que as empresas cujos CEOs eram indiferentes ou que viam apenas implicações boas ou apenas implicações ruins. Organizações com CEOs ambivalentes consideraram e implementaram uma gama mais ampla de estratégias adaptativas, incluindo abordagens que eram mais novas e envolviam mais riscos.

OUTRA MANEIRA

Parece que a ambivalência pode levar as pessoas a perceber e considerar uma gama mais ampla de possibilidades. A dialética de perspectivas contraditórias pode revelar, ainda, uma terceira via que não é nenhum dos aparentes opostos. O que eu mais amei no esqui *cross-country* é a ausência de teleféricos e pistas – simplesmente sair por entre as árvores, subir e descer colinas na neve. Não há limitação de caminhos predefinidos. Os *koans* zen, mencionados no Capítulo 9, envolvem um pensamento inovador que transcende as possibilidades óbvias.

O caminho da resistência não violenta é um exemplo clássico de uma terceira via que não é nem luta nem fuga, nem dominação nem rendição. Frequentemente, uma terceira via requer não apenas uma ação alternativa, mas uma forma diferente de ver e de pensar. Existe um "aha" súbito ou gradual que transforma o modo como a realidade é percebida. Assim como a paz é muito mais do que a ausência da guerra, um modo de ser não violento é mais do que abster-se de prejudicar os outros. É fazer o que é incompatível com o mal — promover ativamente o bem-estar dos demais.

Minhas perspectivas como escritor certamente mudaram ao longo de meio século de prática. No início, percebi os críticos como adversários irritantes a serem superados e me lembro de ter ficado indignado quando um editor alterou minha linguagem. No entanto, o que é necessário para se tornar um escritor melhor (ou pessoa melhor, no caso) não é rejeitar, mas estar aberto e aprender com a crítica. Trabalhei com uma dúzia de editoras de livros diferentes ao longo dos anos. Alguns publicaram o que enviei com pouca ou nenhuma alteração; isso significa que aquilo que envio deve ser um produto acabado com o qual estou satisfeito. Mas, há duas décadas, prefiro trabalhar com a mesma editora sempre que possível, e faço isso justamente pela qualidade da edição. Um manuscrito primeiro passa por um processo de edição de desenvolvimento que requer reescrita e, em seguida, passa por um processo para corrigir os pontos delicados. As reescritas podem exigir muito trabalho, mas agora eu as valorizo, em vez de me ressentir. Como resultado, os livros ficam muito melhores do que meus primeiros rascunhos.

Uma forma alternativa que tem recebido cada vez mais atenção na psicoterapia é a *aceitação*.[8] Está retratada sucintamente na "oração da serenidade", de Reinhold Niebuhr, várias vezes citada, escrita na década de 1930:

> *Concedei-nos, Senhor, a serenidade necessária para aceitar as coisas que não podemos modificar, coragem para modificar aquelas que devem ser mudadas e sabedoria para distinguir umas das outras.*

Algumas coisas são condições para serem aceitas; não confunda uma condição com um problema. Aceitação é deixar de lado a angústia e os esforços para mudar o que não é mutável. O perdão é um desses atos: abrir mão do desejo de um passado diferente ou de que o ofensor sofra algum mal.[9] Depois, há outras coisas que podem ser ou, na linguagem de Niebuhr, *devem* ser mudadas. Decidir qual é qual, de fato, requer algum discernimento. Os perigos estão em tentar persistentemente mover o inativo e falhar em alterar o que precisa ser mudado.

SÍNTESE

Uma sequência clássica em filosofia é tese-antítese-síntese. A tese e a antítese são duas afirmações aparentemente opostas, e uma síntese as combina ou reconcilia. Um exemplo comum é que as crianças pequenas tendem a olhar para os pais como oniscientes e poderosos. A adolescência pode então trazer a antítese de que os pais nada sabem e são irremediavelmente ineptos. Com o tempo, pode surgir uma visão e um relacionamento com os pais mais equilibrados, um meio-termo entre a adulação e a rebeldia. Há uma piada atribuída a Mark Twain: "Quando eu era um menino de 14 anos, meu pai era tão ignorante que eu mal suportava ter o velho por perto. Mas, quando fiz 21 anos, fiquei surpreso com o quanto o velho havia aprendido em sete anos". A mesma transição pode se aplicar a atitudes em relação a figuras de autoridade em geral.

A área da psicologia teve suas raízes na filosofia e na religião do século XIX, uma herança que era perfeitamente natural e confortável, em

1902, para William James,[10] frequentemente chamado de pai da psicologia americana. À medida que o século XX avançava, no entanto, a religião foi sendo descrita como uma fonte de doença mental e imaturidade,[11] e tornou-se um assunto tabu para a pesquisa psicológica, exceto dentro de uma subespecialidade relativamente isolada da psicologia da religião.[12] Com relação aos clientes que atendiam, os psicólogos no geral eram muito menos orientados religiosamente.[13] Era como se a própria psicologia passasse por uma rebelião adolescente. No final do século XX, contudo, a área se aproximou da espiritualidade e da religião, e a American Psychological Association publicou livros sobre o assunto pela primeira vez.[14] Era como se a psicologia dissesse: "Talvez nossos pais soubessem de alguma coisa, afinal!". Tornou-se aceitável novamente viver em ambos os mundos ao mesmo tempo.

Quando informações novas e potencialmente conflitantes são encontradas, como você as incorpora? Uma abordagem é a *assimilação*, que modifica os fatos para caber em seu pensamento existente. Por exemplo, um membro inteligente e simpático de um grupo anteriormente excluído pode ser considerado uma rara exceção à regra estereotipada. Em contraste, a *acomodação* requer alguma mudança no próprio pensamento. A "exceção" pode criar ambivalência sobre o estereótipo anterior e plantar sementes para reformá-lo. "Afinal", opinou Adam Grant em *Pense de novo*, "o propósito da aprendizagem não é afirmar nossas crenças; é evolui-las".[15]

Como mencionado anteriormente, a ambivalência pode ser um pré-requisito para uma mudança nos padrões de pensamento. Até que você comece a ter algumas dúvidas sobre uma crença ou atitude atual, é improvável que mude. A acomodação é um exemplo do princípio maior de *transcender e incluir*.[16] Crenças anteriores não são necessariamente rejeitadas e descartadas. Em vez disso, o que é positivo e útil é integrado a uma nova forma de compreensão. Do mesmo modo, verdades aparentemente opostas podem ser mantidas dentro de uma resolução de ordem superior. A crença de que as pessoas são separadas e independentes umas das outras pode se transformar em uma compreensão de nossa interconexão e nossa interdependência, assim como um bosque de álamos aparentemente separados é, na verdade, um enorme organismo ligado por um complexo sistema de raízes subterrâneas.[17] Isso não diminui a beleza e a singularidade das árvores individuais; é simplesmente uma compreensão maior.

É possível ter experiências contraditórias simultaneamente sem precisar escolher entre elas ou resolvê-las. É uma mudança do pensamento "sim, mas..." para "sim e...". Eu experimento isso agora como pai de um filho adulto amado cuja jornada no momento parece ter dado muito errado.

Sinto esperança de que ele mude sua vida e, ao mesmo tempo, sinto pavor e desespero com sua realidade atual. Não preciso apostar em um lado ou no outro, nem alternar entre eles. Eu os mantenho juntos em tensão, abraçando-os como uma realidade completa.

Isso também pode ser verdade para duas crenças, aparentemente incompatíveis, que podem ser abraçadas juntas em tensão dialética:

- *Tese:* os seres humanos são inerentemente amorosos e pró-sociais por natureza;[18]
- *Antítese:* os seres humanos são inerentemente egoístas e antissociais por natureza.[19]

Nenhuma das proposições pode ser provada conclusivamente, e ambas parecem conter algum elemento de verdade. Abraçar uma visão em detrimento de outra pode se tornar uma profecia autorrealizável, inspirando comportamento generoso ou suspeito em relação aos outros que confirmaria a crença.[20] Ambos podem ser verdadeiros ou reconciliáveis?

- *Síntese:* as pessoas têm ambos os potenciais e continuamente escolhem entre eles.

Essa síntese "sim e..." é uma terceira visão que sustenta ambas as proposições como verdadeiras, inspirando comportamentos ainda diferentes – talvez para encorajar "os melhores anjos de nossa natureza" em nós mesmos e nos outros.

Por fim, a ambivalência não precisa ser angustiante. Indivíduos e culturas variam em seu conforto ou seu desconforto com a inconsistência. A angústia e os sintomas psicológicos estão ligados não tanto à presença objetiva da ambivalência, mas à aceitação dela e à capacidade de administrar motivações conflitantes. A prática contemplativa da atenção plena serve para "limpar as lentes" e transcender o pensamento dualista e crítico.[21] Também há menos necessidade de se resolver ou enfatizar a ambivalência quando você tem significado e criatividade em outras áreas de sua vida. Talvez seja por isso que a ambivalência muitas vezes se torna um amigo familiar à medida que envelhecemos.

ALGUMAS REFLEXÕES PESSOAIS

Ao pesquisar e trabalhar neste livro ao longo de muitos meses, percebi, como disse no Prefácio, que este é, na verdade, um tópico que venho estudando ao longo de minha carreira. A ambivalência está no cerne da dependência, um fenômeno fascinante que venho pesquisando e tratando desde que fui apresentado à essa área de atuação em 1973. O autocontrole comportamental tem tudo a ver com seguir um curso em meio a motivações conflitantes.[22] Desprender-se da ambivalência tem sido uma questão central em nosso método de aconselhamento de EM.[23]

Também me tornei muito mais consciente do papel que a ambivalência desempenhou em momentos-chave da minha vida. Aqui estão alguns exemplos.[24] A morte prematura de minha irmã mais nova quando eu tinha 13 anos abalou os alicerces de minha fé infantil. Quem é esse Deus que permite ou até faz com que tais coisas aconteçam? Uma síntese começou para mim com nosso pastor, que não tentou nenhuma explicação, mas cujo abraço apertado e silencioso transmitiu que Deus está intimamente presente conosco em nosso sofrimento.[25] Iniciei a faculdade com a intenção de seguir o ministério pastoral, mas me senti atraído e me especializei em psicologia. Também vacilava entre a música e a psicologia como carreiras possíveis, uma escolha de loja de doces entre paixões. Minha base em aptidão vocacional é *artística*, então a música teria sido uma escolha natural para mim, mas escolhi a psicologia como carreira.

Em um círculo de interesses profissionais, o artístico é vizinho do *investigativo* — indagar, analisar, pesquisar –, e foi assim que meu trabalho científico se desenrolou, com uma pitada de criatividade ao escrever e explorar novas ideias. No entanto, a música continuou a enriquecer minha vida e, na aposentadoria, tive tempo para experimentar composição de coral. Decidir casar foi uma jornada ambivalente com uma alma gêmea da vida inteira. O Capítulo 6 descreveu minha luta inconsciente para saber se teríamos filhos. Depois de me tornar titular como professor de psicologia (tese), uma experiência vívida me levou a pensar sobre se eu havia tomado o caminho errado e deveria renunciar ao meu cargo e ir para o seminário (antítese). Uma série de conversas minuciosas com mentores e pastores respeitados levou a uma síntese de que meu trabalho já era uma importante forma de ministério, então me vi entre a psicologia e a religião, passando as coisas de um lado para o outro.[26] Uma escolha diferente em qualquer uma dessas e em outras passagens teria alterado profundamente o curso da minha vida.

A ambivalência nem sempre é melhor quando resolvida. Uma tensão de longa data para mim é manter o trabalho em equilíbrio com os relacionamentos e outros valores da vida. Eu gosto do meu trabalho o suficiente para que ele possa se expandir e assim preencher todos os espaços de tempo disponíveis. Primeiro, tive que aprender a *não dizer sim quando queria dizer não*.[27] As oportunidades continuaram a se expandir o suficiente para que o meu desafio se tornasse *não dizer sim quando queria dizer sim*. Certa vez, quando eu estava reclamando com uma amiga sobre meu ritmo autoimposto e o estresse do trabalho, ela sugeriu: "Talvez você possa simplesmente aprender a gostar de viver no limite". É uma imagem que ajudou: não ficar muito perto da borda do penhasco enquanto aprecia a vista. Sou grato pelo trabalho de psicólogo. Poucos são tão privilegiados ao longo da vida de conhecer tantas pessoas em um nível pessoal íntimo. No entanto, quando me aposentei, entreguei minha licença e deixei de lado o envolvimento pessoal com a pesquisa. Hoje em dia, me apraz ser um escritor desempregado.

OLHANDO PARA TRÁS: A AMBIVALÊNCIA EM PERSPECTIVA

Neste livro, tentei reunir para você o que aprendi ao longo do caminho, bem como alguns *insights* de pesquisas intrigantes de outros. A própria palavra *ambivalência* tem apenas um século. Difere de não se importar (indiferença) e não saber (ignorância ou ambiguidade); na verdade, ela surge apenas quando você sabe, se preocupa e tem motivos concorrentes. É a experiência de olhar simultaneamente em diferentes direções, como o deus romano Jano, e valorizar as alternativas.

Existem vários "sabores" de ambivalência e palavras específicas pelas quais você pode se convencer a mudar ou não. Existem vários níveis em que o conflito pode surgir, gerando ambivalência: seus pensamentos, seus sentimentos e suas ações imediatas; suas crenças, suas atitudes e seus valores fundamentais. Existem algumas armadilhas para se tomar cuidado ao navegar pela ambivalência, incluindo:

- Tentação de abandonar prematuramente a jornada, saindo precocemente da univalência
- Viés de negatividade que atribui maior importância aos medos
- Motivos inconscientes que podem fazer pender a balança
- Preferência por resultados imediatos ou de curto prazo
- Escolha com base na identificação
- Pensamento binário que vê apenas duas possibilidades
- Atenção seletiva às evidências em apenas uma direção

Há também fortes pressões sociais de conformidade, autoridade e persuasão. A reatância psicológica é uma tendência humana inerente de, ao receber um conselho, desconsiderá-lo ou fazer o contrário, mesmo concordando com ele. Tais influências sociais podem operar abaixo de sua consciência, transmitidas no tom de voz ou em sutilezas de falas. Motivos inconscientes e vieses implícitos também podem criar ambivalência e influenciar sua resolução.

A ambivalência objetiva — a mera presença de prós e de contras simultâneos — é comum e não é inerentemente angustiante. Na verdade, a ambivalência é um passo normal em direção a uma mudança de crença ou de comportamento. O quão perturbadora a ambivalência será para você depende de outros fatores, incluindo a pressão do tempo e alguns traços de personalidade, como abertura para experiências e necessidade de consistência ou de fechamento.

As respostas à ambivalência ou ao arrependimento tendem a se enquadrar em duas classes amplas: desligar (inatividade, evitação) e agir. Ser claro sobre seus valores mais importantes pode ajudá-lo a resolver a ambivalência, assim como obter visão geral ao considerar simultaneamente os prós e os contras. Depois de definir uma direção clara, a chave é continuar seguindo esse caminho, em vez de ser desviado pela ambivalência.

Não sendo um evento incomum, a ambivalência é uma experiência cotidiana comum ao escolher entre alternativas. Os sentimentos humanos são ricamente misturados, assim como os motivos que o impulsionam em seu caminho. Nesse sentido, a ambivalência é o cadinho no qual você compõe seu presente e seu futuro. A experiência é tão familiar que pode ser tomada como certa. O tribunal interno delibera, às vezes em primeiro plano, mas com mais frequência nos bastidores da consciência, com rico vocabulário para expressar e resolver aparentes contradições.

Os tópicos de discussão variam de escolhas simples — faça isso ou aquilo, acredite nisso ou naquilo — até conflitos que atingem suas profundezas, desafiando e moldando quem você é.

É exemplificado por Tevye, personagem de *Um violinista no telhado*, lutando contra a mudança: "Por um lado... e por outro lado". Nos relacionamentos e no discurso público, a ambivalência é a dança da persuasão e da negociação pela qual as decisões são tomadas em conjunto.

Tanto para indivíduos quanto para grupos, são os tópicos mais controversos que tendem a chamar a atenção. No entanto, o processo contínuo de avaliação e de escolha é o local de trabalho cotidiano da ambivalência. Há habilidade envolvida em continuar a explorar o terreno de prós e de contras simultâneos por tempo suficiente para encontrar seu caminho através dele.

No final, a ambivalência pode ser abraçada como uma dádiva, um privilégio de escolher entre *selves* possíveis e futuros. A experiência da ambivalência pode despertá-lo para marcos pelos quais seus valores são expressos e moldados, talvez tomando algumas das decisões mais importantes de sua vida. É a rica experiência de ser humano: contemplar os diversos caminhos possíveis e escolher conscientemente qual deles trilhar. A partir dessa perspectiva, a ambivalência é a própria essência do ser humano.

Notas

CAPÍTULO 1. QUERO E NÃO QUERO

1. S. A. Shapiro. (1968). "The Ambivalent Animal: Man in the Contemporary British and American Novel". *Centennial Review, 12*(1), 1–22.
2. Y. M. Baek. (2010). "An Integrative Model of Ambivalence". *Social Science Journal, 47*(3), 609–629.
3. C. Sedikides, T. Wildschut, J. Arndt, & C. Routledge. (2008). "Nostalgia: Past, Present and Future". *Current Directions in Psychological Science, 17*(5), 304–307.
4. C. Routledge, J. Arndt, T. Wildschut, C. Sedikides, C. M. Hart, J. Juhl, A. J. J. M. Vingerhoets, & W. Schlotz. (2011). "The Past Makes the Present Meaningful: Nostalgia as an Existential Resource". *Journal of Personality and Social Psychology, 101*(3), 638–652.
5. Gravado por Billy Ray Cyrus. Uma antiga canção *country* gravada por Billy Walker tinha o verso "I'm So Miserable without You It's Like Having You Around [Estou tão infeliz sem você, é quase como se você estivesse aqui]".

6. H. Segal. (2019). "The Achievement of Ambivalence". *Common Knowledge, 25*(1–3), 51–62.
7. F. S. Fitzgerald. (1936, February). "The Crack-Up". *Esquire*, p. 41.
8. T. J. Rudolph & E. Popp. (2007). "An Information Processing Theory of Ambivalence". *Political Psychology, 28*(5), 563–585.
9. C. T. Fong. (2006). "The Effects of Emotional Ambivalence on Creativity". *Academy of Management Journal, 49*(5), 1016–1030.
10. L. Rees, N. B. Rothman, R. Lehavy, & J. Sanchez-Burks. (2013). "The Ambivalent Mind Can Be a Wise Mind: Emotional Ambivalence Increases Judgment Accuracy". *Journal of Experimental Social Psychology, 49*(3), 360–367.
11. Z. D. Peterson & E. Janssen. (2007). "Ambivalent Affect and Sexual Response: The Impact of Co-occurring Positive and Negative Emotions on Subjective and Physiological Sexual Responses to Erotic Stimuli". *Archives of Sexual Behavior, 36*(6), 793–807.
12. D. Engle & H. Arkowitz. (2006). *Ambivalence in Psychotherapy: Facilitating Readiness to Change*. New York: Guilford Press.
13. K. Jonas, P. Broemer, & M. Diehl. (2000). "Attitudinal Ambivalence". *European Review of Social Psychology, 11*(1), 35–74.
14. M. Conner & P. Sparks. (2002). "Ambivalence and Attitudes". *European Review of Social Psychology, 12*(1), 37–70.

CAPÍTULO 2. QUATRO SABORES DE AMBIVALÊNCIA

1. J. T. Larsen & A. P. McGraw. (2014). "The Case for Mixed Emotions". *Social and Personality Psychology Compass, 8*(6), 263–274.
2. S. M. Ersner-Hershfield, J. A. Mikels, S. J. Sullivan, & L. L. Carstensen. (2008). "Poignancy: Mixed Emotional Experience in the Face of Meaningful Endings". *Journal of Personality and Social Psychology, 94*(1), 158–167.

3. J. Tierney & R. F. Baumeister. (2021). *The Power of Bad: How the Negativity Effect Rules Us and How We Can Rule It*. New York: Penguin Books.
4. William Blake, "Augúrios da Inocência".
5. M. Conner & C. J. Armitage. (2008). "Attitudinal Ambivalence". In: W. D. Crano & R. Prislin (Eds.), *Frontiers of Social Psychology: Attitudes and Attitude Change* (pp. 261–286). New York: Psychology Press.
6. A letra da música é de Dan Hicks, "How can I miss you when you won't go away [Como posso sentir sua falta quando você não vai embora]?".
7. Você pode estar curioso sobre o desfecho desse casal. Tem alguma coisa sobre histórias de ambivalência que nos atrai e nos faz querer saber o que acontece. O propósito dessa ilustração de caso é fornecer um exemplo de uma ambivalência largada-parada comum. Basta dizer que permaneceram em terapia por mais de um ano e continuaram juntos, com redução significativa de vidros quebrados.

CAPÍTULO 3. A LINGUAGEM DA AMBIVALÊNCIA

1. P. Ekman & W. V. Friesen. (1969). "Nonverbal Leakage and Clues to Deception". *Psychiatry Journal for the Study of Interpersonal Processes*, 32(1), 88–106.
    M. J. Heisel & M. Mongrain. (2004). "Facial Expressions and Ambivalence: Looking for Conflict in All the Right Faces". *Journal of Nonverbal Behavior*, 28(1), 35–52.
2. I. K. Schneider, A. Eerland, F. van Harreveld, M. Rotteveel, J. van der Pligt, N. van der Stoep, & R. A. Zwaan. (2013). "One Way and the Other: The Bidirectional Relationship between Ambivalence and Body Movement". *Psychological Science*, 24(3), 319–325.
3. C. C. DiClemente, D. Schlundt, & L. Gemmell. (2004). "Readiness and Stages of Change in Addiction Treatment". *American Journal on Addictions*, 13, 103–119.

J. O. Prochaska, J. Norcross, & C. DiClemente. (1994). *Changing for Good: A Revolutionary Six-Stage Program for Overcoming Bad Habits and Moving Your Life Positively Forward*. New York: Avon Books.

4. C. J. Armitage, R. Povey, & M. A. Arden. (2003). "Evidence for Discontinuity Patterns across the Stages of Change: A Role for Attitudinal Ambivalence". *Psychology and Health*, 18(3), 373–386.

5. R. F. Baumeister, T. F. Heatherton, & D. M. Tice. (1994). *Losing Control: How and Why People Fail at Self-Regulation*. New York: Academic Press.

6. P. C. Amrhein. (2004). "How Does Motivational Interviewing Work? What Client Talk Reveals". *Journal of Cognitive Psychotherapy*, 18(4), 323–336.

    W. R. Miller & S. Rollnick. (2013). *Motivational Interviewing: Helping People Change* (3ª ed.). New York: Guilford Press.

7. Nossa pesquisa sobre declarações automotivadoras começou com W. R. Miller. (1983). "Motivational Interviewing with Problem Drinkers". *Behavioural Psychotherapy*, 11, 147–172.

8. D. J. Bem. (1972). "Self-Perception Theory". In: L. Berkowitz (Ed.), *Advances in Experimental Social Psychology* (Vol. 6, pp. 1–62). New York: Academic Press.

9. M. Magill, M. H. Bernstein, A. Hoadley, B. Borsari, T. R. Apodaca, J. Gaume, & J. S. Tonigan. (2019). "Do What You Say and Say What You Are Going to Do: A Preliminary Meta-Analysis of Client Change and Sustain Talk Subtypes in Motivational Interviewing". *Psychotherapy Research*, 29(7), 860–869.

10. C. Khambatta & R. Barbaro. (2020). *Mastering Diabetes: The Revolutionary Method to Reverse Insulin Resistance Permanently*. New York: Penguin Random House.

CAPÍTULO 4. FONTES DE AMBIVALÊNCIA

1. M. Rokeach. (1973). *The Nature of Human Values*. New York: Free Press.

2. Ibid, p. 237.
3. Ibid, p. 238.
4. L. A. Penner. (1971). "Interpersonal Attraction toward a Black Person as a Function of Value Importance". *Personality: An International Journal*, 2(2), 175-187.
5. Rokeach chamou esses valores de "terminais", os estados finais que buscamos.
6. D. Brooks. (2015). *The Road to Character*. New York: Random House.
7. Thomas Merton reconheceu ainda um "*self* verdadeiro" distinto das atitudes, das crenças e dos valores que tendemos a identificar como "eu". T. Merton. (1961). *New Seeds of Contemplation*. New York: New Directions.
8. Essa história parafraseada foi originalmente contada por David Premack (1972), em seu artigo "Mechanisms of self-control". *In*: W. A. Hunt (Ed.), *Learning Mechanisms in Smoking* (pp. 107-123). Chicago: Aldine.
9. D. A. Snow & R. Machalek. (1984). "The Sociology of Conversion". *Annual Review of Sociology*, 10, 167-190.
    A. Buckser & S. D. Glazier (Eds.). (2003). *The Anthropology of Religious Conversion*. Lanham, MD: Rowman & Littlefield.
10. M. G. Pratt. (1988). "To Be or Not to Be: Central Questions in Organizational Identification". In: D. Whetten & P. Godfrey (Eds.), *Identity in Organizations: Developing Theory through Conversations* (pp. 171-207). Thousand Oaks, CA: Sage.
11. M. Pratt. (2000). "The Good, the Bad, and the Ambivalent: Managing Identification among Amway Distributors". *Administrative Science Quarterly*, 45, 456-493.
12. J. W. Fowler. (1993). "Alcoholics Anonymous and Faith Development". In: B. S. McCrady & W. R. Miller (Eds.), *Research on Alcoholics Anonymous: Opportunities and Alternatives* (pp. 113-135). New Brunswick, NJ: Rutgers Center of Alcohol Studies.
13. St. Teresa of Avila. (2003). *The Interior Castle* (M. Starr, Trans.). New York: Riverhead Books, pp. 157-158.

14. J. Tierney & R. F. Baumeister. (2021). *The Power of Bad: How the Negativity Effect Rules Us and How We Can Rule It*. New York: Penguin Books.
15. J. T. Cacioppo, W. L. Gardner, & G. G. Berntson. (1997). "Beyond Bipolar Conceptualizations and Measures: The Case of Attitudes and Evaluative Space". *Personality and Social Psychology Review*, 1(1), 3–25.
16. J. R. Priester & R. E. Petty. (1996). "The Gradual Threshold Model of Ambivalence: Relating the Positive and Negative Bases of Attitudes to Subjective Ambivalence". *Journal of Personality and Social Psychology*, 71(3), 431–449.
17. M. Magill, T. R. Apodaca, B. Borsari, J. Gaume, A. Hoadley, R. E. F. Gordon, ... T. Moyers. (2018). "A Meta-Analysis of Motivational Interviewing Process: Technical, Relational, and Conditional Process Models of Change". *Journal of Consulting and Clinical Psychology*, 86(2), 140–157.
18. S. Cain. (2013). *Quiet: The Power of Introverts in a World That Can't Stop Talking*. New York: Random House.

CAPÍTULO 5. INFLUÊNCIAS SOCIAIS

1. Uma história envolvente sobre explorar a vida fora da bolha do seu grupo de referência é contada por Kenneth Stern em seu livro *Republican like me: how I left the liberal bubble and learned to love the right* (2017, New York: Harper Collins). O título parece uma história de conversão a partidos políticos, mas é muito mais do que isso. Ao passar um ano fora de sua zona de conforto, Stern descobriu como as pessoas são parecidas, independentemente da afiliação política.
2. S. Asch. (1955). "Opinions and Social Pressure". *Scientific American*, 193(5), 31–35.

    S. E. Asch. (1956). "Studies of Independence and Conformity: I. A Minority of One against a Unanimous Majority". *Psychological Monographs: General and Applied*, 70(9), 1–70.

3. D. Peabody. (1967). "Trait Inferences: Evaluative and Descriptive Aspects". *Journal of Personality and Social Psychology Monographs*, 7(4, Pt. 2, Whole No. 644).

    P. De Boeck. (1978). "On the Evaluative Factor in the Trait Scales of Peabody's Study of Trait Inferences". *Journal of Personality and Social Psychology*, 36(6), 619–621.

4. A história é detalhada em L. Festinger, H. W. Riecken, & S. Schachter. (1956). *When Prophecy Fails*. Minneapolis: University of Minnesota Press.

5. M. Conner & P. Sparks. (2002). "Ambivalence and Attitudes". *European Review of Social Psychology*, 12(1), 37–70.

6. Blaise Pascal, *Pensées*.

7. W. R. Miller & S. Rollnick. (2004). "Talking Oneself into Change: Motivational Interviewing, Stages of Change, and Therapeutic Process". *Journal of Cognitive Psychotherapy*, 18, 299–308.

8. S. Milmoe, R. Rosenthal, H. T. Blane, M. E. Chafetz, & I. Wolf. (1967). "The Doctor's Voice: Postdictor of Successful Referral of Alcoholic Patients". *Journal of Abnormal Psychology*, 72(1), 78–84.

9. J. Bernstein, E. Bernstein, K. Tassiopoulos, T. Heeren, S. Levenson, & R. Hingson. (2005). "Brief Motivational Intervention at a Clinic Visit Reduces Cocaine and Heroin Use". *Drug and Alcohol Dependence*, 77, 49–59.

    M. E. Chafetz. (1961). "A Procedure for Establishing Therapeutic Contact with the Alcoholic". *Quarterly Journal of Studies on Alcohol*, 22, 325–328.

    M. E. Chafetz, H. T. Blane, H. S. Abram, J. H. Golner, E. L. Hastie, & W. Meyers. (1962). "Establishing Treatment Relations with Alcoholics". *Journal of Nervous and Mental Disease*, 134, 395–409.

10. N. Ambady, D. LaPlante, T. Nguyen, R. Rosenthal, N. Chaumeton, & W. Levinson. (2002). "Surgeons' Tone of Voice: A Clue to Malpractice History". *Surgery*, 132, 5–9.

11. S. S. Brehm & J. W. Brehm. (1981). *Psychological Reactance: A Theory of Freedom and Control*. New York: Academic Press.

S. A. Rains. (2013). "The Nature of Psychological Reactance Revisited: A Meta-Analytic Review". *Human Communication Research*, 39(1), 47–73.

12. A. C. de Almeida Neto. (2017). "Understanding Motivational Interviewing: An Evolutionary Perspective". *Evolutionary Psychological Science*, 3(4), 379–389.

13. M. Polacsek, E. M. Rogers, W. G. Woodall, H. Delaney, D. Wheeler, & N. Rao. (2001). "MADD Victim Impact Panels and Stages-of-Change in Drunk-Driving Prevention". *Journal of Studies on Alcohol*, 62(3), 344–350.

14. W. G. Woodall, H. Delaney, E. Rogers, & D. Wheeler. (2000). "A Randomized Trial of Victim Impact Panels' DWI Deterrence Effectiveness". *Alcoholism: Clinical & Experimental Research*, 24 (Supplement), 113A (Abstract 637).

CAPÍTULO 6. DAS PROFUNDEZAS

1. Eu contei essa história originalmente em W. R. Miller & J. C'de Baca (2001), *Quantum Change: When Epiphanies and Sudden Insights Transform Ordinary Lives* (New York: Guilford Press). Copyright © 2001 The Guilford Press. Utilizada com permissão.

2. Malcolm Gladwell. (2007). *Blink: The Power of Thinking without Thinking*. New York: Little, Brown, p. 155.

3. J. A. Bargh & T. L. Chartrand. (1999). "The Unbearable Automaticity of Being". *American Psychologist*, 54, 462–479.

4. L. Quillian. (2008). "Does Unconscious Racism Exist?". *Social Psychology Quarterly*, 71(1), 6–11.

5. N. L. Quenk. (2002). *Was That Really Me? How Everyday Stress Brings Out Our Hidden Personality*. Mountain View, CA: Davies-Black.

6. Y. M. Baek. (2010). "An Integrative Model of Ambivalence". *Social Science Journal*, 47(3), 609–629.

7. P. Ekman & W. V. Friesen. (1969). "Nonverbal Leakage and Clues to Deception". *Psychiatry Journal for the Study of Interpersonal Processes*, 32(1), 88–106.
8. C. Butler & S. Rollnick. (1996). "Missing the Meaning and Provoking Resistance". *Family Practice*, 13(1), 106–109.
9. Y. M. Baek. (2010). "An Integrative Model of Ambivalence". *Social Science Journal*, 47(3), 609–629.
10. A. Christensen, K. A. Eldridge, A. B. Catta-Preta, V. R. Lim, & R. Santagata. (2006). "Cross-Cultural Consistence of the Demand/Withdraw Interaction Pattern in Couples". *Journal of Marriage and Family*, 68(4), 1029–1044.
11. Descrevi o caso de Júlia com mais detalhes em W. R. Miller & S. Rollnick. (2013). *Motivational Interviewing: Helping People Change* (3ª ed.). New York: Guilford Press.

CAPÍTULO 7. CONSEQUÊNCIAS DA AMBIVALÊNCIA

1. J. E. Holoubek & A. B. Holoubek. (1996). "Blood, Sweat and Fear. 'A Classification of Hematidrosis'". *Journal of Medicine*, 27(3–4), 115–133.
2. F. van Harreveld, H. U. Nohlen, & I. K. Schneider. (2015). "The ABC of Ambivalence: Affective, Behavioral, and Cognitive Consequences of Attitudinal Conflict". *Advances in Experimental Social Psychology*, 52, 285–324.
3. Ibid.
4. S. Schachter & J. Singer. (1962). "Cognitive, Social and Physiological Determinants of Emotional State". *Psychological Review*, 69(5), 379–399.
5. R. E. Kelly, W. Mansell, & A. M. Wood. (2015). "Goal Conflict and Well-Being: A Review and Hierarchical Model of Goal Conflict, Ambivalence, Self-Discrepancy and Self-Concordance". *Personality and Individual Differences*, 85, 212–229.
6. K. Jonas, P. Broemer, & M. Diehl. (2000). "Attitudinal Ambivalence". *European Review of Social Psychology*, 11(1), 35–74.

7. K. Jonas, M. Diehl, & P. Broemer. (1997). "Effects of Attitudinal Ambivalence on Information Processing and Attitude-Intention Consistency". *Journal of Experimental Social Psychology, 33*, 190-210.
8. C. J. Armitage & M. Conner. (2000). "Social Cognition Models and Health Behaviour: A Structured Review". *Psychology & Health, 15*(2), 173-189.
9. M. Conner & P. Sparks. (2002). "Ambivalence and Attitudes". *European Review of Social Psychology, 12*(1), 37-70.

    M. Conner, R. Povey, P. Sparks, R. James, & R. Shepherd. (2003). "Moderating Role of Attitudinal Ambivalence within the Theory of Planned Behaviour". *Journal of Analytical Psychology, 42*(1), 75-94.
10. I. K. Schneider, M. Gillebaart, & A. Mattes. (2019). "Meta-Analytic Evidence for Ambivalence Resolution as a Key Process in Effortless Self-Control". *Journal of Experimental Social Psychology, 85* (November), 103846.

    S. Rollnick, W. R. Miller, & C. C. Butler. (2021). *Motivational Interviewing in Health Care: Helping Patients Change Behavior* (2ª ed.). New York: Guilford Press. [Manuscrito submetido para publicação.]
11. M. J. Apter. (1982). *The Experience of Motivation: The Theory of Psychological Reversals*. New York: Academic Press.
12. J. Cassidy & L. J. Berlin. (1994). "The Insecure/Ambivalent Pattern of Attachment: Theory and Research". *Child Development, 65*(4), 971-991.
13. Alcoholics Anonymous World Services. (2001). *Alcoholics Anonymous: The Story of How Many Thousands of Men and Women Have Recovered from Alcoholism* (4ª ed.). New York: Author.

    R. Rohr. (2011). *Breathing under Water: Spirituality and the Twelve Steps*. Cincinnati, OH: St. Anthony Messenger Press.
14. T. Merton. (1953). *The Sign of Jonas*. Orlando, FL: Harcourt.
15. F. van Harreveld, H. U. Nohlen, & I. K. Schneider. (2015). "The ABC of Ambivalence: Affective, Behavioral, and Cognitive Consequences of Attitudinal Conflict". *Advances in Experimental Social Psychology, 52*, 285-324.
16. C. T. Fong. (2006). "The Effects of Emotional Ambivalence on Creativity". *Academy of Management Journal, 5*, 1016-1030.

17. R. G. Tedeschi & L. G. Calhoun. (2004). "Posttraumatic Growth: Conceptual Foundations and Empirical Evidence". *Psychological Inquiry, 15*(1), 1–18.

    L. G. Calhoun & R. G. Tedeschi (Eds.). (2014). *Handbook of Post-traumatic Growth: Research and Practice*. New York: Psychology Press.

18. N. B. Rothman, M. G. Pratt, L. Rees, & T. J. Vogus. (2017). "Understanding the Dual Nature of Ambivalence: Why and When Ambivalence Leads to Good and Bad Outcomes". *Academy of Management Annals, 11*(1), 33–72.

19. M. M. Tugade, B. L. Fredrickson, & L. F. Barrett. (2004). "Psychological Resilience and Positive Emotional Granularity: Examining the Benefits of Positive Emotions on Coping and Health". *Journal of Personality, 72*(6), 1161–1190.

20. O desapego amoroso é um componente familiar dos programas de 12 passos para familiares de pessoas que sofrem de dependências. Verificou-se que a participação em grupos como o AA ajuda os membros da família afetados a reduzir as emoções negativas e os sintomas físicos. W. R. Miller, J. Meyers, & J. S. Tonigan. (1999). "Engaging the Unmotivated in Treatment for Alcohol Problems: A Comparison of Three Strategies for Intervention through Family Members". *Journal of Consulting and Clinical Psychology, 67*, 688–697.

CAPÍTULO 8. DIFERENÇAS INDIVIDUAIS

1. L. R. Goldberg. (1993). "The Structure of Phenotypic Personality Traits". *American Psychologist, 48*(1), 26–34.

2. Uma medida comum dessa preferência é a escala Julgamento-Percepção, de Myers-Briggs Type Indicator. I. B. Myers & P. B. Myers. (1995). *Gifts Differing: Understanding Personality Type*. Mountain View, CA: Davies-Black.

3. N. D. Volkow, G. F. Koob, & T. McLellan. (2016). "Neurobiologic Advances from the Brain Disease Model of Addiction". *New England Journal of Medicine, 374*, 363–371.

4. W. Mischel, Y. Shoda, & M. I. Rodriguez. (1989). "Delay of Gratification in Children". *Science, 244*(4907), 933-938.
5. W. Mischel, Y. Shoda, & P. K. Peake. (1988). "The Nature of Adolescent Competencies Predicted by Preschool Delay of Gratification". *Journal of Personality and Social Psychology, 54*(4), 687-696.

    Y. Shoda, W. Mischel, & P. K. Peake. (1990). "Predicting Adolescent Cognitive and Self-Regulatory Competencies from Preschool Delay of Gratification: Identifying Diagnostic Conditions". *Developmental Psychology, 26*(6), 978-986.
6. T. R. Schlam, N. L. Wilson, Y. Shoda, W. Mischel, & O. Ayduk. (2013). "Preschoolers' Delay of Gratification Predicts Their Body Mass 30 Years Later". *Journal of Pediatrics, 162*(1), 90-93.
7. A. L. Odum, R. J. Becker, J. M. Haynes, A. Galizio, C. C. J. Frye, H. Downey, ... D. M. Perez. (2020). "Delay Discounting of Different Outcomes: Review and Theory". *Journal of the Experimental Analysis of Behavior, 113*(3), 657-679.
8. W. K. Bickel & L. A. Marsch. (2001). "Toward a Behavioral Economic Understanding of Drug Dependence: Delay Discounting Processes". *Addiction, 96*(1), 73-86.
9. C. G. Jung. (1921/1971). *Psychological Types* (G. Adler & R. F. C. Hully, Trans.). Princeton, NJ: Princeton University Press.
10. I. R. Newby-Clark, I. McGregor, & M. P. Zanna. (2002). "Thinking and Caring about Cognitive Inconsistency: When and for Whom Does Attitudinal Ambivalence Feel Uncomfortable?". *Journal of Personality and Social Psychology, 82*(2), 157-166.
11. R. B. Cialdini, M. R. Trost, & T. J. Newsom. (1995). "Preference for Consistency: The Development of a Valid Measure and the Discovery of Surprising Behavioral Implications". *Journal of Personality and Social Psychology, 69*(2), 318-328.
12. Ibid.

CAPÍTULO 9. RESPONDENDO À AMBIVALÊNCIA

1. T. S. Kuhn. (1962). *The Structure of Scientific Revolutions*. Chicago: University of Chicago Press.

2. M. Planck. (2012). *The Origin and Development of the Quantum Theory: With "A Scientific Autobiography"*. Hardpress Publishing.

3. *Hamlet*, de Shakespeare, Ato 3, Cena 1.

4. F. van Harreveld, H. U. Nohlen, & I. K. Schneider. (2015). "The ABC of Ambivalence: Affective, Behavioral, and Cognitive Consequences of Attitudinal Conflict". *Advances in Experimental Social Psychology*, 52, 285–324. Citação da página 304.

5. J. E. Loder. (1981). *The Transforming Moment: Understanding Convictional Experiences*. New York: Harper & Row.

    J. W. Fowler. (1981). *Stages of Faith: The Psychology of Development and the Quest for Meaning*. San Francisco: Harper & Row.

6. J. W. Fowler. (1993). "Alcoholics Anonymous and Faith Development". In: B. S. McCrady & W. R. Miller (Eds.), *Research on Alcoholics Anonymous: Opportunities and Alternatives* (pp. 113–135). New Brunswick, NJ: Rutgers Center of Alcohol Studies. Citação da página 132.

    A. Forcehimes. (2004). "De Profundis: Spiritual Transformations in Alcoholics Anonymous". *Journal of Clinical Psychology*, 60, 503–517.

7. M. E. Pagano, W. L. White, J. F. Kelly, R. L. Stout, & J. S. Tonigan. (2013). "The 10-Year Course of Alcoholics Anonymous Participation and Long-Term Outcomes: A Follow-Up Study of Outpatient Subjects in Project MATCH". *Substance Abuse*, 34(1), 51–59.

8. W. R. Miller. (2004). "The Phenomenon of Quantum Change". *Journal of Clinical Psychology*, 60(5), 453–460.

    W. R. Miller & J. C'de Baca. (2001). *Quantum Change: When Epiphanies and Sudden Insights Transform Ordinary Lives*. New York: Guilford Press.

9. I. Katz, D. C. Glass, D. J. Lucido, & J. Farber. (1977). "Ambivalence, Guilt, and the Denigration of a Physically Handicapped Victim", *Journal of Personality*, 45(3), 419–429.

10. J. Nowinski. (2004). "Evil by Default: The Origins of Dark Visions". *Journal of Clinical Psychology/In Session, 60*, 519–530.

11. D. Searls. (2017). *The Inkblots: Hermann Rorschach, His Iconic Test, and the Power of Seeing*. New York: Crown.

12. L. Festinger, H. W. Riecken, & S. Schachter. (1956). *When Prophecy Fails*. Minneapolis: University of Minnesota Press.

13. K. M. Douglas, R. M. Sutton, & A. Cichocka. (2017). "The Psychology of Conspiracy Theories". *Current Directions in Psychological Science, 26*(6), 538–542.

14. S. L. Bem. (1981). "Gender Schema Theory: A Cognitive Account of Sex Typing". *Psychological Review, 88*, 354–364.

15. W. R. Miller & J. C'de Baca. (2001). *Quantum Change: When Epiphanies and Sudden Insights Transform Ordinary Lives*. New York: Guilford Press.

16. W. R. Miller, R. G. Sovereign, & B. Krege. (1988). "Motivational Interviewing with Problem Drinkers: II. The Drinker's Check-Up as a Preventive Intervention". *Behavioural Psychotherapy, 16*, 251–268.

    W. R. Miller, A. Zweben, C. C. DiClemente, & R. G. Rychtarik. (1992). *Motivational Enhancement Therapy Manual: A Clinical Research Guide for Therapists Treating Individuals with Alcohol Abuse and Dependence* (Vol. 2, Project MATCH Monograph Series). Rockville, MD: National Institute on Alcohol Abuse and Alcoholism.

17. K. Wilber. (2007). *The Integral Vision*. Boston: Shambhala.

    K. Wilber. (2017). *The Religion of Tomorrow: A Vision for the Future of the Great Traditions—More Inclusive, More Comprehensive, More Complete*. Boulder, CO: Shambhala.

18. A. Grant. (2021). *Think Again: The Power of Knowing What You Don't Know*. New York: Viking.

CAPÍTULO 10. CLARIFICAÇÃO DOS VALORES PESSOAIS

1. H. Markus & P. Nurius. (1986). "Possible Selves". *American Psychologist*, 41(9), 954–969.

2. C. R. Rogers. (1951). *Client-Centered Therapy*. New York: Houghton-Mifflin.

3. C. R. Rogers. (1959). "A Theory of Therapy, Personality, and Interpersonal Relationships as Developed in the Client-Centered Framework". In: S. Koch (Ed.), *Psychology: The Study of a Science. Vol. 3. Formulations of the Person and the Social Contexts* (pp. 184–256). New York: McGraw-Hill.

4. O conto de James Thurber, *The secret life of Walter Mitty*, é um exemplo clássico de *selves* oníricos. Assim também é a *persona* imaginária de Snoopy como o piloto de caça Flying Ace na série de desenhos animados do Charlie Brown, de Charles Schultz.

5. M. Pratt. (2000). "The Good, the Bad, and the Ambivalent: Managing Identification among Amway Distributors". *Administrative Science Quarterly*, 45, 456–493.

6. "Cenoura e vara" às vezes é erroneamente interpretado como recompensa (cenoura) ou punição (vara). Na verdade, a imagem é de uma guloseima atraente pendurada em uma corda na ponta de uma vara, mantendo-a na frente, mas um pouco além do alcance de um burro, a fim de mantê-lo avançando.

7. J. Nowinski. (2004). "Evil by Default: The Origins of Dark Visions". *Journal of Clinical Psychology/In Session*, 60, 519–530.

    A. Haley & Malcolm X. (1964). *The Autobiography of Malcolm X*. New York: Ballantine.

8. C. G. Jung. (1959). *Aion: Researches into the Phenomenology of the Self* (*Collected works of C. G. Jung*, Vol. 9, Part ii). Princeton, NJ: Princeton University Press.

9. N. L. Quenk. (2002). *Was That Really Me? How Everyday Stress Brings Out Our Hidden Personality*. Mountain View, CA: Davies-Black.

10. Y. M. Baek. (2010). An Integrative Model of Ambivalence. *Social Science Journal, 47*(3), 609–629.
11. *Hamlet*, de Shakespeare, Ato 1, Cena 3.
12. C. R. Rogers. (1961). *On Becoming a Person: A Therapist's View of Psychotherapy*. Boston: Houghton Mifflin.
13. K. M. Sheldon & T. Kasser. (2001). "Goals, Congruence and Positive Well-Being: New Empirical Support for Humanistic Theories". *Journal of Humanistic Psychology, 41*(1), 30–50.
14. R. E. Kelly, W. Mansell, & A. M. Wood. (2015). "Goal Conflict and Well-Being: A Review and Hierarchical Model of Goal Conflict, Ambivalence, Self-Discrepancy and Self-Concordance". *Personality and Individual Differences, 85*, 212–229.
15. W. R. Miller, J. C'de Baca, D. B. Matthews, & P. L. Wilbourne. (2001). *Personal Values Card Sort. Department of Psychology*, University of New Mexico. Albuquerque, NM.
16. W. R. Miller, J. C'de Baca, D. B. Matthews, & P. L. Wilbourne. (2001). "Personal Values Card Sort". Disponível em inglês em *https://motivationalinterviewing.org/sites/default/files/valuescardsort_0.pdf*.
17. W. R. Miller & J. C'de Baca. (2001). *Quantum Change: When Epiphanies and Sudden Insights Transform Ordinary Lives*. New York: Guilford Press.

CAPÍTULO 11. UMA VISÃO GERAL

1. O *Sic et Non* (Sim e Não), de Pedro Abelardo, do século XII, é um exemplo clássico, pesando os méritos de argumentos conflitantes sobre questões teológicas.
2. B. Franklin. (1904). "Moral or Prudential Algebra: Letter to Joseph Priestly (September 19, 1772)". In: J. Bigelow (Ed.), *The Works of Benjamin Franklin, Vol. V Letters and Misc. Writings 1768–1772* (Vol. 5). New York: Putnam. No original, Franklin colocava letras maiúsculas em to-

dos os substantivos, como era costume na época. Eu removi essa convenção porque não é familiar para os leitores hoje.

3. I. L. Janis & L. Mann. (1977). *Decision Making: A Psychological Analysis of Conflict, Choice and Commitment*. New York: Free Press. Irving Janis lecionou psicologia na Universidade de Yale por 40 anos, e é mais conhecido por sua pesquisa sobre *pensamento de grupo* – como a conformidade do grupo restringe a criatividade e influencia o julgamento individual.

4. I. L. Janis. (1989). *Crucial Decisions: Leadership in Policymaking and Crisis Management*. New York: Free Press.

5. W. R. Miller. (1983). "Motivational Interviewing with Problem Drinkers". *Behavioural Psychotherapy, 11*, 147–172.

6. W. R. Miller, R. G. Benefield, & J. S. Tonigan. (1993). "Enhancing Motivation for Change in Problem Drinking: A Controlled Comparison of Two Therapist Styles". *Journal of Consulting and Clinical Psychology, 61*, 455–461.

7. B. W. Lundahl, C. Kunz, C. Brownell, D. Tollefson, & B. L. Burke. (2010). "A Meta-Analysis of Motivational Interviewing: Twenty-Five Years of Empirical Studies". *Research on Social Work Practice, 20*(2), 137–160.

    S. Rubak, A. Sandbaek, T. Lauritzen, & B. Christensen. (2005). "Motivational Interviewing: A Systematic Review and Meta-Analysis". British Journal of General Practice, 55(513), 305–312.

8. C. G. Chorus. (2010). "A New Model of Random Regret Minimization". *European Journal of Transport and Infrastructure Research, 10*(2), 181–196.

9. H. Bleichrodt & P. P. Wakker. (2015). "Regret Theory: A Bold Alternative to the Alternatives". *The Economic Journal, 125*(583), 493– 532.

10. T. Connolly & M. Zeelenberg. (2002). "Regret in Decision Making". *Current Directions in Psychological Science, 11*(6), 212–216.

11. M. Zeelenberg & R. Pieters. (2007). "A Theory of Regret Regulation 1.0". *Journal of Consumer Psychology, 17*(1), 3–18.

12. H. Zehr. (2015). *Changing Lenses: Restorative Justice for Our Times* (25th anniversary ed.). Harrisonburg, VA: Herald Press.

CAPÍTULO 12. SUPERAÇÃO DAS DIFICULDADES

1. P. C. Amrhein. (1992). "The Comprehension of Quasi-Performance Verbs in Verbal Commitments: New Evidence for Componential Theories of Lexical Meaning". *Journal of Memory and Language, 31*, 756–784.
2. Ibid.
3. W. R. Miller & S. Rollnick. (2013). *Motivational Interviewing: Helping People Change* (3ª ed.). New York: Guilford Press.
4. P. C. Amrhein, W. R. Miller, C. E. Yahne, M. Palmer, & L. Fulcher. (2003). "Client Commitment Language during Motivational Interviewing Predicts Drug Use Outcomes". *Journal of Consulting and Clinical Psychology, 71*, 862–878.

    T. B. Moyers, T. Martin, P. J. Christopher, J. M. Houck, J. S. Tonigan, & P. C. Amrhein. (2007). "Client Language as a Mediator of Motivational Interviewing Efficacy: Where Is the Evidence?". *Alcoholism: Clinical and Experimental Research, 31*(10 Suppl), 40s–47s.
5. T. B. Moyers, T. Martin, J. M. Houck, P. J. Christopher, & J. S. Tonigan. (2009). "From In-Session Behaviors to Drinking Outcomes: A Causal Chain for Motivational Interviewing". *Journal of Consulting and Clinical Psychology, 77*(6), 1113–1124.
6. Quando fui diagnosticado, fui encaminhado para uma palestra de 90 minutos sobre o que precisava fazer de diferente, completa, com embalagens de comida de plástico. Fiquei sentado lá pensando: "Deve haver um modo mais eficaz de fazer isso", e acabei colaborando com um colega diabetologista, Dr. Marc P. Steinberg, para escrever *Motivational Interviewing in Diabetes Care* (Guilford Press, 2015).
7. Agradeço à minha colega Dra. Theresa Moyers por esse exemplo claro.
8. Descrevi esse método pela primeira vez em W. R. Miller. (1983). "Motivational Interviewing with Problem Drinkers". *Behavioural Psychotherapy, 11*, 147–172. Existem agora muitos livros sobre o assunto, incluindo W. R. Miller & S. Rollnick. (2013). *Motivational Interviewing: Helping People Change* (3ª ed.). New York: Guilford Press.

9. B. W. Lundahl, C. Kunz, C. Brownell, D. Tollefson, & B. L. Burke. (2010). "A Meta-Analysis of Motivational Interviewing: Twenty-Five Years of Empirical Studies". *Research on Social Work Practice, 20*(2), 137–160.

    S. Rubak, A. Sandbaek, T. Lauritzen, & B. Christensen. (2005). "Motivational Interviewing: A Systematic Review and Meta-Analysis". *British Journal of General Practice, 55*(513), 305–312.

10. J. Strang & J. Mccambridge. (2004). "Can the Practitioner Correctly Predict Outcome in Motivational Interviewing?". *Journal of Substance Abuse Treatment, 27*(1), 83–88.

    T. B. Moyers, T. Martin, J. M. Houck, P. J. Christopher, & J. S. Tonigan. (2009). "From In-Session Behaviors to Drinking Outcomes: A Causal Chain for Motivational Interviewing". *Journal of Consulting and Clinical Psychology, 77*(6), 1113–1124.

11. Pode ser mais fácil fazer isso com um entrevistador habilidoso, mas, na maioria das vezes, as pessoas fazem isso por conta própria. Um livro destinado a ajudá-lo a se entrevistar dessa maneira é A. Zuckoff, com B. Gorscak. (2015). *Finding Your Way to Change: How the Power of Motivational Interviewing Can Reveal What You Want and Help You Get There*. New York: Guilford Press.

12. W. R. Miller. (1985). *Living As If: How Positive Faith Can Change Your Life*. Eugene, OR: Wipf & Stock.

    W. R. Miller. (2008). *Living As If: Your Road, Your Life*. Carson City, NV: The Change Companies.

CAPÍTULO 13. ACEITAÇÃO DA AMBIVALÊNCIA

1. S. A. Shapiro. (1968). "The Ambivalent Animal: Man in the Contemporary British and American Novel". *Centennial Review, 12*(1), 1–22.
2. J. O. Prochaska, J. Norcross, & C. DiClemente. (1994). *Changing for Good: A Revolutionary Six-Stage Program for Overcoming Bad Habits and Moving Your Life Positively Forward*. New York: Avon Books.

3. M. G. Pratt & C. K. Barnett. (1997). "Emotions and Unlearning in Amway Recruiting Techniques: Promoting Change through 'Safe' Ambivalence". *Management Learning, 18*(1), 65–88.
4. A. J. Weigert. (1989). "Joyful Disaster: An Ambivalence-Religion Hypothesis". *Sociology of Religion, 50*(1), 73–88.
5. A. J. Weigert. (1991). *Mixed Emotions: Certain Steps toward Understanding Ambivalence*. Albany, NY: State University of New York Press.
6. A. Herman. (2001). *How the Scots Invented the Modern World*. New York: Three Rivers Press.
   Presbyterian Church (U.S.A.). (2019–2021). *Book of Order: The Constitution of the Presbyterian Church (U.S.A.)* (Vol. II). Louisville, KY: Office of the General Assembly.
7. N. Plambeck & K. Weber. (2009). "CEO Ambivalence and Responses to Strategic Issues". *Organization Science, 20*(6), 993–1010.
8. S. C. Hayes, V. M. Follette, & M. M. Linehan (Eds.). (2004). *Mindfulness and Acceptance: Expanding the Cognitive-Behavioral Tradition*. New York: Guilford Press.
9. E. L. Worthington Jr. (2003). *Forgiving and Reconciling: Bridges to Wholeness and Hope*. Downers Grove, IL: InterVarsity Press.
10. W. James. (1994/1902). *The Varieties of Religious Experience*. New York: Modern Library Edition.
11. S. Freud. (1928/2010). *The Future of an Illusion*. Seattle, WA: Pacific Publishing Studio.
    A. Ellis. (1988). "Is Religiosity Pathological?". *Free Inquiry, 18,* 27–32.
12. R. W. Hood Jr., P. C. Hill, & B. Spilka. (2018). *The Psychology of Religion: An Empirical Approach* (5ª ed.). New York: Guilford Press.
13. H. D. Delaney, W. R. Miller, & A. M. Bisonó. (2007). "Religiosity and Spirituality among Psychologists: A Survey of Clinician Members of the American Psychological Association". *Professional Psychology: Research and Practice, 38*(5), 538–546.

14. E. P. Shafranske (Ed.). (1996). *Religion and the Clinical Practice of Psychology*. Washington, DC: American Psychological Association.

    W. R. Miller (Ed.). (1999). *Integrating Spirituality into Treatment: Resources for Practitioners*. Washington, DC: American Psychological Association.

15. A. Grant (2021). *Think Again: The Power of Knowing What You Don't Know*. New York: Viking, p. 26.

16. K. Wilber. (2007). *The Integral Vision*. Boston: Shambhala.

17. S. Van Booy. (2013). *The Illusion of Separateness*. New York: HarperCollins.

    W. R. Miller & J. C'de Baca. (2001). *Quantum Change: When Epiphanies and Sudden Insights Transform Ordinary Lives*. New York: Guilford Press.

18. W. R. Miller. (2017). *Lovingkindness: Realizing and Practicing Your True Self*. Eugene, OR: Wipf & Stock.

    C. R. Rogers. (1962). "The Nature of Man". In: S. Doniger (Ed.), *The Nature of Man in Theological and Psychological Perspective* (pp. 91–96). New York: Harper & Brothers.

19. Essa perspectiva é vividamente transmitida no romance de William Golding, de 1954, *O senhor das moscas*, no qual crianças deixadas à própria sorte em isolamento rapidamente se transformam em brutos.

20. R. A. Jones. (1981). *Self-Fulfilling Prophecies: Social, Psychological, and Physiological Effects of Expectancies*. New York: Psychology Press.

    W. R. Miller. (1985). *Living As If: How Positive Faith Can Change Your Life*. Eugene, OR: Wipf & Stock.

21. R. Rohr. (2003). *Everything Belongs: The Gift of Contemplative Prayer*. New York: Crossroads Publishing.

    Thich Nhat Hanh. (2015). *The Miracle of Mindfulness: An Introduction to the Practice of Meditation* (Mobi Ho, Trans.). Boston: Beacon Press.

22. R. F. Baumeister, T. F. Heatherton, & D. M. Tice. (1994). *Losing Control: How and Why People Fail at Self-Regulation*. New York: Academic Press.

    M. J. Mahoney & C. E. Thoresen. (1974). *Self-Control: Power to the Person*. Monterey, CA: Brooks/Cole.

W. R. Miller & D. J. Atencio. (2008). "Free Will as a Proportion of Variance". In: J. Baer, J. C. Kaufman, & R. F. Baumeister (Eds.). *Are We Free? Psychology and Free Will* (pp. 275-295). New York: Oxford University Press.

23. W. R. Miller. (1983). Motivational Interviewing with Problem Drinkers. *Behavioural Psychotherapy, 11,* 147-172.

    W. R. Miller & S. Rollnick. (2013). *Motivational Interviewing: Helping People Change* (3rd ed.). New York: Guilford Press.

24. Um relato interno de alguns pontos de virada ambivalentes é oferecido em W. R. Miller & L. K. Homer. (2016). *Portals: Two Lives Intertwined by Adoption.* Eugene, OR: Wipf & Stock.

25. R. Rohr. (2011). *Falling Upward: A Spirituality for the Two Halves of Life.* San Francisco: Jossey Bass.

26. W. R. Miller & K. A. Jackson. (2010). *Practical Psychology for Pastors* (2ª ed.). Eugene, OR: Wipf & Stock.

    W. R. Miller (Ed.). (1999). *Integrating Spirituality into Treatment: Resources for Practitioners.* Washington, DC: American Psychological Association.

    W. R. Miller & H. D. Delaney (Eds.). (2005). *Judeo-Christian Perspectives on Psychology: Human Nature, Motivation and Change.* Washington, DC: American Psychological Association.

27. Um livro de 1975 com este título, de Herb Fensterheim e Jean Baer, vendeu milhões de cópias.

Índice

Nota: ƒ após um número de página indica uma figura.

A

Abertura à experiência, 86-87
Aceitação, 111, 150-151, 157-158. *Ver também* Aceitando a ambivalência
Aceitação da ambivalência. *Ver também* Aceitação
    adaptando-se à mudança e, 148-150
    perspectivas contraditórias, 149-151
    síntese e, 151-154
    visão geral, 147-148, 157-158
Acomodação, 152-153
Ações. *Ver também* Comportamento
    experiência interior de ambivalência, 7-9
    fontes de ambivalência e, 42-45, 43ƒ
    integridade e, 113-114
    resolvendo a ambivalência e, 98-99, 145
    visão geral, 157
Ambivalência horizontal, 67-68
Ambivalência vertical, 67-71
Amplificação da resposta, 97-98
Amplificadores de ambivalência, 45-49
Anedonia, 80-81
Ansiedade. *Ver também* Emoções
    consequências da ambivalência e, 74-77
    integridade e, 114
    padrão de biestabilidade e, 78-79
    resiliência e, 80-82
Antecipação, 16
Apego, 78-80
Apego ansioso, 78-79
Apego inseguro, 78-80

Aprisionado. *Ver também* Resolvendo a ambivalência
  exemplo de, 140-145
  pensando e falando sobre soluções, 135-141
  visão geral, 134-135
Aprovação, 59-60
Argumentos
  pensamento binário e, 101-102
  persuasão e, 57-59
Arrependimento, 96, 130-131
Aspecto descritivo da linguagem, 55-56, 55*f*. *Ver também* Fala
Assimilação, 152-153
Assumir riscos, 88-89
Atenção plena, 153-154
Atenção seletiva, 97, 156
Atitudes
  autoridade, 58-61, 157
  consciência de, 66-67
  experiência interior de ambivalência, 7-9
  fontes de ambivalência e, 42-45, 43*f*
  integridade e, 113-114
  resolvendo a ambivalência e, 98-99
Autoculpabilização, 130
Avaliação
  ambivalência como um processo de, 8-11
  fala e, 54-56, 55*f*

B

Balança decisória, 122-130. *Ver também* Decisões e tomada de decisão; Prós e contras

Bebida, 51-52. *Ver também* Dependência
Benefícios da ambivalência. *Ver* Aceitação; Aceitação da ambivalência; Consequências
Busca de gratificação, 88-89. *Ver também* Personalidade

C

Capacidade de enfrentamento
  desligamento e, 94-96
  resiliência e, 80-82
Caráter, 107-108
Ciência, 95-96
Cinco grandes traços, 86. *Ver também* Personalidade
Coerção, 85
Comportamento. *Ver também* Ações
  amplificadores de ambivalência e, 45-49
  experiência interior de ambivalência, 7-9
  fontes de ambivalência e, 42-45, 43*f*
  grupo de referência e, 52-54
  integridade e, 113-114
Conformidade, 54, 59-60
Conselho, 59-60, 68-69
Consequências. *Ver também* Respondendo à ambivalência
  amplificadores de ambivalência e, 46-48
  criatividade e, 79-81
  falta de engajamento e, 78-80
  flexibilidade e, 76-77
  hesitação e, 77-79
  reações emocionais, 74-77

realizando decisões e mudanças e, 81-83
resiliência e, 80-82
tomada de decisão e, 77-78
visão geral, 73-74
Consequências de curto prazo, 46-47, 156. *Ver também* Consequências
Considerações em longo prazo, 46-47. *Ver também* Consequências
Contato visual como indicador de ambivalência, 23-24. *Ver também* Fala; Indicações não verbais de ambivalência
Contras (e prós). *Ver* Prós e contras
Convicções, 56-57
Convicções anteriores, 56-57
Crenças
    amplificadores de ambivalência e, 45-49
    como uma motivação, 14
    fontes de ambivalência e, 42-45, 43f
    grupo de referência e, 52-54
    integridade e, 113-114
    resolvendo a ambivalência e, 97-99
    síntese e, 153-154
Crescimento pós-traumático, 80-82
Criatividade, 79-81
Criticismo, 59-60
Culpa, 130

D

Decepção, 130
Decisão. *Ver* Desligamento
Decisões e tomadas de decisão.
    Ver também Escolha; Prós e contras

ambivalência como processo de avaliação, 8-11
arrependimento e, 130-131
benefícios da ambivalência e, 147-148
consequências da ambivalência e, 77-78, 81-83
evitação e desligamento, 94-96
hesitação e, 77-79
persuasão e, 56-59
pesando opções, 128-130
prazos e, 46-48
preferências por fechamento e, 87-88
resolvendo ambivalência, 96-99
valores e, 108-109
visão geral, 7-8, 107-108, 121-129, 157
Deliberação sobre decisões, 77-78
Demandas externas, 49. *Ver também* Fatores sociais
Dependência
    ambivalência e, xi-xii
    ambivalência social em relação, 51-52
    desvalorização pelo atraso e, 89-90
    padrão de biestabilidade e, 78-79
    visão geral, 7-8
Depreciação de escolhas rejeitadas, 98-99
Depressão. *Ver também* Emoções
    consequências da ambivalência e, 74
    integridade e, 114
    resiliência e, 80-82

Desligamento, 94-96, 157. *Ver também* Respondendo à ambivalência

Desobstrução. *Ver* Aprisionado; Resolvendo a ambivalência

Desvalorização pelo atraso, 46-47, 89-90

Desvantagens e vantagens de uma decisão. *Ver* Prós e contras

Diferenças individuais. *Ver também* Personalidade; Respondendo à ambivalência
   abertura à experiência, 86-87
   busca de gratificação e evitação de danos, 88-89
   introversão *versus* extroversão, 89-91
   necessidades de consistência, 90-91
   postergação da gratificação, 89-90
   preferências por decisão, 87-88
   tomada de decisão e, 107-108
   valores e identidade e, 109

Direitos, 52

Discurso, 22. *Ver também* Fala

Dissonância cognitiva, 85-86

Diversidade, 101-103

Doença mental, 110

Domínio, 58-61

Dor, 14

E

Efeito halo, 56

Efeitos da ambivalência, 73-74. *Ver também* Consequências

Emoções. *Ver também* Emoções mistas; Sentimentos
   arrependimento e, 130-131
   como motivação, 14
   consequências da ambivalência e, 74-77
   fontes de ambivalência, 42-45, 43*f*
   integridade e, 114
   resiliência e, 80-82
   síntese e, 153-154

Emoções confusas, 14. *Ver também* Emoções

Engajamento, 78-80

Entrevista motivacional (EM). *Ver também* Linguagem automotivacional
   ambivalência como a questão central a ser abordada por, xi-xii
   exemplo de, 140-145
   pesando opções e, 128-130

Escolha. *Ver também* Decisões e tomada de decisão; Prós e contras
   ambivalência como um processo de avaliação, 8-11
   ambivalência social em relação, 51-52
   arrependimento e, 130-131
   evitação e desligamento, 94-96
   fontes de ambivalência e, 39-42
   motivos conflitantes, 21-22
   perspectivas contraditórias, 149-151
   persuasão e, 56-59
   pesando opções, 128-130
   preferências de decisão e, 87-88
   processamento sistemático imparcial e, 122-129
   resolvendo a ambivalência, 96-99
   tipos de motivações e, 15-22

viés de tempo e, 46-48
visão geral, 107-108, 157
Escolhas largada-largada. *Ver também* Escolha; Motivações
  balança decisória e, 125-126, 129
  consequências da ambivalência e, 74-75
  visão geral, 15-16
Escolhas largada-parada. *Ver também* Escolha; Motivações
  consequências da ambivalência e, 74
  equilíbrio decisório e, 125-126
  visão geral, 17-19
Escolhas largada-parada-largada--parada, 19-22. *Ver também* Escolha; Motivações
Escolhas parada-parada, 17-18, 125-126, 128-129. *Ver também* Escolha; Motivações
Estágio de mudança contemplativo. *Ver também* Mudança
  consequências da ambivalência e, 81-82
  fala e, 32-35
  visão geral, 24
Estágio de mudança de ação, 24, 31-35. *Ver também* Mudança
Estágio de mudança de pré-contemplação. *Ver também* Mudança
  consequências da ambivalência e, 81-82
  fala e, 32-33
  visão geral, 24
Estágio de mudança de preparação, 24, 32-35. *Ver também* Mudança

Estágio mudança da manutenção, 24. *Ver também* Mudança
Estágios da mudança. *Ver* Mudança
Estereótipos, 99-101
Estilo de apego ambivalente, 78-79
Estratégias de enfrentamento evitativas, 94-96
Evitação de danos, 88-89. *Ver também* Personalidade
Experiência, abertura para, 86-87
Experiência de autoconfrontação
  fontes de ambivalência e, 44-45
  influências sociais na ambivalência e, 60-61
  visão geral, 39-42
Experiência de pensamento do asno de Buridan, 15
Experiência interior de ambivalência
  ambivalência como um processo de avaliação e, 9-11
  fala mobilizadora e, 29-30
  fontes de ambivalência e, 42-45, 43*f*
  visão geral, 7-9, 157-158
Experiências agridoces, 5-7
Extroversão, 89-91. *Ver também* Personalidade

F

Fadiga, 14
Fala. *Ver também* Linguagem automotivacional
  aceitação e, 150-151
  avaliação incorporada em, 54-56, 55*f*
  domínio e, 59
  estágios de mudança e, 32-35

fala de mudança mobilizadora, 29-32
fala de mudança preparatória, 25-30
motivos conflitantes e, 22
resolvendo ambivalência e, 135-141
síntese e, 152-154
viés de negatividade e, 48-49
visão geral, 23-25, 157
Fala de ativação. *Ver também* Fala; Linguagem automotivacional
estágios de mudança e, 32-34
resolvendo a ambivalência e, 138-140
visão geral, 30-32
Fala de capacidade. *Ver também* Fala; Linguagem automotivacional
estágios de mudança e, 32-33
motivos mistos e, 27-30
resolvendo a ambivalência e, 137-138
visão geral, 25-27
Fala de compromisso. *Ver também* Fala; Linguagem automotivacional
estágios de mudança e, 33-34
resolvendo a ambivalência e, 139-141
visão geral, 31-32
Fala de desejo. *Ver também* Fala; Linguagem automotivacional
estágios da mudança e, 32-33
motivos mistos e, 27-30
resolvendo a ambivalência e, 136-137
visão geral, 25-26

Fala de mudança. *Ver* Fala; Falar sozinho; Linguagem automotivacional
Fala de mudança mobilizadora, 25, 29-32. *Ver também* Fala
Fala de mudança preparatória, 25-30, 32-34. *Ver também* Fala
Fala de necessidade. *Ver também* Fala; Linguagem automotivacional
estágios de mudança e, 32-33
motivos mistos e, 27-30
resolvendo a ambivalência e, 138-139
visão geral, 27-28
Fala de razão. *Ver também* Fala; Linguagem motivacional
estágios de mudança e, 32-33
motivos mistos e, 27-30
resolvendo a ambivalência e, 137-139
visão geral, 26-28
Falar sozinho. *Ver também* Fala; Linguagem automotivacional
exemplos de, 137-140
motivos conflitantes e, 22
resolvendo a ambivalência e, 135-141
viés de negatividade e, 48-49
visão geral, 24-25
Falta de engajamento, 79
Fatores implícitos, 66-71, 157. *Ver também* Vieses
Fatores inconscientes. *Ver também* Vieses
ambivalência vertical e, 67-71

escolhas e tomadas de decisões, 107-108
visão geral, 66-67, 156-157
Fatores sociais. *Ver também* Relacionamentos
adaptando-se à mudança e, 148-150
ambivalência vertical e, 69-71
autoridade, 58-61
avaliação embutida na linguagem e, 54-56, 55*f*
benefícios da ambivalência e, 148
escolhas e tomadas de decisão e, 107-108
fontes de ambivalência e, 48-49
grupo de referência e, 52-54
integridade e, 113-114
manutenção de convicções e, 56-57
persuasão e, 56-59
Self dos sonhos e, 111-112
visão geral, 51-52, 157
Fatores subconscientes, 66-71. *Ver também* Vieses
Flexibilidade
abertura para a experiência e, 86-87
consequências da ambivalência e, 76-77
tomada de decisão e, 77-78
Fome, 14
Forma de aconselhamento centrada na pessoa, 111
Formação reativa, 97-99
Freud, Sigmund, 5
Frustração, 74. *Ver também* Emoções
Fumar, 51-52. *Ver também* Dependência

G

Gestos, 23. *Ver também* Indicações não verbais de ambivalência
Grade de comportamentos de risco, 55-56, 55*f*
Gratificação postergada, 89-90, 156. *Ver também* Personalidade
Grupo de referência e, 52-54

H

Hesitação, 77-79

I

Identidade
amplificadores da ambivalência e, 45-47
grupo de referência e, 52-54
identificando seus valores e, 114-115
integridade e, 113-114
Self possível, 110-113
valores e, 109
Impulsividade, 77-78
Inatividade, 94-96, 157. *Ver também* Respondendo à ambivalência
Inconsistência
integridade e, 113-114
necessidades de consistência e, 90-91
visão geral, 85-86
Indecisão, 94-99. *Ver também* Decisões e tomada de decisão
indiferença, 95
Indicações não verbais de ambivalência, 23-24. *Ver também* Fala

Indicações verbais de ambivalência, 23-24. *Ver também* Fala
Indivíduos narcisistas, 111
Insatisfação com a vida, 74
Integridade, 113-114
Intenção
    ações e, 145
    fala de compromisso, 31-32
    tomada de passos e, 31-32
Introversão, 89-91. *Ver também* Personalidade
Isolamento, 79-80

J

Julgamento, 87-88

L

Liderança
    benefícios da ambivalência e, 148
    consequências da ambivalência e, 77-78
Linguagem automotivacional. *Ver também* Entrevista motivacional (EM); Fala; Motivações
    estágios de mudança e, 32-35
    exemplo de, 140-145
    fala de ativação, 30-32
    fala de capacidade, 25-27
    fala de compromisso, 31-32
    fala de desejo, 25-26
    fala de mudança mobilizadora, 29-32
    fala de mudança preparatória, 25-30
    fala de necessidade, 27-28
    fala de razão, 26-28
    motivos mistos e, 27-30
    resolvendo ambivalência e, 135-141, 147-145
    visão geral, 25
Linguagem corporal. *Ver* Fala; Indicações não verbais de ambivalência

M

Mecanismos de defesa, 97-99
Medo, 112-113
Mente aberta, 101-102
Mentira, 67
Método de pesar opções, 128-130. *Ver também* Decisões e tomada de decisão
Método de tomada de decisão de duas colunas, 122-128. *Ver também* Decisões e tomada de decisão; Prós e contras
Mídia social, 102-103
More, Sir Thomas, 3-4, 7-8, 10-11
Motivações. *Ver também* Linguagem automotivacional; Motivos de largada; Motivos de parada
    ambivalência vertical e, 67-71
    balança decisória, 121-129
    experiência interna de ambivalência, 7-9
    fala que reflete, 23-24
    motivos conflitantes, 21-22
    que não conhecemos, 66-67
    tipos de, 15-22
    visão geral, 13-14, 157-158
Motivos conflitantes. *Ver também* Escolha; Motivações

fontes de ambivalência e, 42-45, 43f
persuasão e, 57-58
síntese e, 151-154
visão geral, 21-22
Motivos de largada, 14-22. *Ver também* Motivações
Motivos de parada, 14-22. *Ver também* Motivações
Motivos mistos, 27-30. *Ver também* Motivações; Motivos conflitantes
Mudança
  adaptando-se a, 148-150
  ambivalência como resposta a, 13-14
  benefícios da ambivalência e, 147-148
  consequências da ambivalência e, 81-83
  estágios da, 24, 32-35, 81-82
  evitação e desligamento, 94-96
  exemplo de, 141-145
  experiência interior de ambivalência, 7-9
  fala da, 24-25, 135-141
  identificando seus valores e, 115
  pesando opções e, 128-130
  resolvendo a ambivalência e, 135-141
  visão geral, 7-8
Multivalência, 5

N

Natureza humana, 42-45, 43f
Necessidades de consistência, 90-91. *Ver também* Inconsistência
Negação, 67, 95-96

Nostalgia, 6-7

O

Objetivos. *Ver também* Valores pessoais
  fontes de ambivalência e, 43-44
  identificando seus valores e, 114-115
  Self possível e, 111-112
Objetivos de fazer, 43-44. *Ver também* Objetivos
Objetivos de ser, 43-44. *Ver também* Metas
Obstinação, 101-102
Opiáceos, 51-52. *Ver também* Dependência
Opiniões, 97-99

P

Padrão de biestabilidade, 77-79
Padrões éticos, 54-56, 55f. *Ver também* Valores pessoais
Palavras que indicam ambivalência, 23-24. *Ver também* Fala
Pandemia de covid-19, 21-22
Papéis, 48-49
Papéis sociais, 48-49
Paralisia diante da ambivalência. *Ver* Desligamento
Pausas como um indicador de ambivalência, 23. *Ver também* Fala; Indicações não verbais de ambivalência
Pedidos, 135-136
Pensamento binário, 98-103, 149, 156
Pensamento dicotômico, 98-103
Pensamento dualista, 98-103

Pensamento ou/ou, 98-103
Pensamentos
   amplificadores da ambivalência e, 45-49
   como motivação, 14
   experiência interna de ambivalência, 7-9
   fontes de ambivalência e, 42-45, 43*f*
   pensamento binário e, 98-103
   resiliência e, 81-82
   resolvendo a ambivalência e, 135-141
Percepção
   benefícios da ambivalência e, 147-148
   preferências por decisão e, 87-88
Personalidade. *Ver também* Diferenças individuais
   abertura à experiência, 86-87
   avaliação embutida na linguagem e, 54-55
   busca de gratificação e evitação de danos, 88-89
   fontes de ambivalência e, 42-45, 43*f*
   introversão *versus* extroversão, 89-91
   necessidades de consistência, 90-91
   pensamento binário e, 100-101
   postergação da gratificação, 89-90
   preferências por decisão, 87-88
   visão geral, 85
Perspectivas
   benefícios da ambivalência e, 147-148
   pensamento binário e, 101-103
   perspectivas contraditórias, 149-151
Persuasão
   ambivalência vertical e, 68-69
   consequências da ambivalência e, 76-77
   influências sociais na ambivalência e, 56-60
Pertencimento, 53
Poder
   consequências da ambivalência e, 77-78, 82-83
   influências sociais na ambivalência e, 58-61
Pontos fortes associados à ambivalência, 6-8
Postergação da gratificação, 89-90, 156. *Ver também* Personalidade
Prazos, 46-48, 121
Preferência por consistência, 90-91. *Ver também* Inconsistência; Necessidades de consistência
Preferência por decisão, 87-88. *Ver também* Personalidade
Prevenção de danos, 88-89. *Ver também* Personalidade
Princípio de transcender e incluir, 152-153
Processamento sistemático. *Ver também* Processamento sistemático imparcial
Processamento sistemático enviesado, 96-97. *Ver também* Processamento sistemático imparcial
Processamento sistemático imparcial, 96-97, 121-129

Processo de conversão, 46
Processo de diferenciação, 45-46
Processos de desenvolvimento, 45-46
Procrastinação, 7-8
Promessas, 31-32. *Ver também* Fala; Fala de compromisso; Linguagem automotivacional
Prontidão para a mudança. *Ver* Mudança
Prós e contras, 96. *Ver também* Decisões e tomada de decisão
  amplificadores da ambivalência e, 46-48
  consequências da ambivalência e, 76-77
  escolhas e tomadas de decisão e, 20-22
  fala e, 24-25, 32-34
  influências sociais na ambivalência e, 57-59
  processamento sistemático imparcial e, 122-129
  viés de negatividade e, 48-49
  visão geral, 157
Protesto, 68-69
Publicidade, 56-59

Q

Questões de políticas públicas, 51-52
Questões políticas
  ambivalência social em relação a, 52
  benefícios da ambivalência e, 148
  influências sociais na ambivalência e, 57-58
  pensamento binário e, 101-102

R

Raiva, 114
Reatância
  ambivalência vertical e, 68-69
  influências sociais na ambivalência e, 59-60
  visão geral, 157
Reatância psicológica. *Ver* Reatância
Relacionamentos. *Ver também* Fatores sociais
  ambivalência vertical e, 69-71
  falta de engajamento e, 78-80
  fontes de ambivalência e, 48-49
  padrão de biestabilidade e, 78-79
  pensamento binário e, 100-103
  persuasão e, 58-59
Relacionamentos românticos, 69-71, 100-102. *Ver também* Relacionamentos
Religião, 148
Resiliência, 80-82
Resolvendo a ambivalência
  agindo, 145
  exemplo de, 140-145
  pensando e conversando sobre soluções, 135-141, 147-145
  visão geral, 96-99, 134-135, 157
Respondendo à ambivalência
  desligamento, 94-96
  exemplo de, 93-94
  pensamento binário e, 98-103
  resolvendo ambivalência, 96-99
  tomada de passos e, 31-32
  visão geral, 94, 157
Resposta de imobilidade à ambivalência. *Ver* Desligamento

S

Self do pesadelo, 112-113. *Ver também* Identidade; *Self* possível
Self dos sonhos, 111-112. *Ver também* Identidade; *Self* possível
Self ideal, 110-111. *Ver também* Identidade; *Self* possível
Self possível. *Ver também* Identidade; Valores pessoais
    integridade e, 113-114
    Self do pesadelo, 112-113
    Self dos sonhos, 111-112
    Self ideal, 110-111
    Self provável, 111-113
    Self sombrio, 113
    visão geral, 110-111
Self provável, 111-113. *Ver também* Identidade; *Self* possível
Self sombrio, 113. *Ver também* Identidade; *Self* possível
Sentimentos. *Ver também* Emoções
    arrependimento e, 130-131
    como motivação, 14
    consequências da ambivalência e, 74-77
    experiência interior de ambivalência, 7-9
    fontes de ambivalência e, 42-45, 43*f*
    visão geral, 157
Síntese, 151-154
Sintomas físicos
    consequências da ambivalência e, 74-76
    integridade e, 114
Sofrimento. *Ver também* Emoções
    consequências da ambivalência e, 74, 76-77
    resiliência e, 80-82
    síntese e, 153-154
Substâncias psicoativas 51-52
Suspiros como indicador de ambivalência, 23. *Ver também* Fala; Indicações não verbais de ambivalência

T

Tentação, 7-8
Timidez, 90. *Ver também* Introversão
Tomada de passos, 32, 140-141, 145, 157. *Ver também* Ações; Respondendo à ambivalência
Transtornos da personalidade, 111
Trauma, 80-82

U

Univalência, 101-102, 156
Uso de álcool, 51-52. *Ver também* Dependência
Uso de substâncias, 51-52. *Ver também* Dependência.
Uso de tabaco, 51-52. *Ver também* Dependência
Uvas verdes, 98-99

V

Valores fundamentais. *Ver também* Valores pessoais
    fontes de ambivalência e, 43*f*
    identificando por si mesmo, 114-120
    visão geral, 43-44, 108-109

Valores instrumentais, 43-44, 43*f*. *Ver também* Valores pessoais

Valores pessoais. *Ver também* Objetivos
　ambivalência como um processo de avaliação, 9-11
　como motivação, 14
　escolhas e tomadas de decisão, 108
　experiência interna de ambivalência, 7-9
　fala e, 54-56, 55*f*
　fontes de ambivalência e, 39-45, 43*f*
　grupo de referência e, 52-54
　identificando por si mesmo, 114-120
　influências sociais na ambivalência e, 60-61
　integridade e, 113-114
　Self possível, 110-113
　viés de identificação e, 46
　visão geral, 7-8, 52-54, 108-109

Vantagens e desvantagens de uma decisão. *Ver* Prós e contras

Vergonha
　arrependimento e, 130
　influências sociais na ambivalência e, 60-61

Viés de confirmação, 95. *Ver também* Vieses

Viés de identificação, 45-47, 156. *Ver também* Vieses

Viés de negatividade, 45, 47-49, 156. *Ver também* Vieses

Viés de tempo, 45-48. *Ver também* Vieses

Vieses
　ambivalência vertical e, 67-71
　benefícios da ambivalência e, 147-148
　desligando e, 95
　exemplo de, 63-66
　resolvendo a ambivalência e, 96-99
　visão geral, 46-49, 66-67, 156-157

Virtudes elogiosas, 43-44

Visão geral da ambivalência, xi-xii, 4-9, 154-158